文言文动物故事

杨振中　编著

中国出版集团

东方出版中心

前　言

　　本书所编与动物有关的文言文故事，生动有趣，可供饭后茶馀趣谈。意在让中小学生阅读文言文。如果每天读一则，半年左右可读完，阅读水平会大大提高。有些人见文言文有畏惧心，其实读多了，自然不会害怕。

　　学习文言文，要从浅近的开始。学习文言文，要细水长流，不可能一蹴而就，耐心与恒心决不可少。本书的动物故事，大多不难理解。

　　本书中的故事，大多从古籍选出，少量是编者自己编写的，因为古籍不可能有那么多浅近的动物文言故事。考虑到适读性，编者还对原文中的不少词句作了修改处理。文言中一词多义的现象极普遍，所以要知其一，还要知二、三。有些"阐发"中的词和每篇末尾的动物成语，有重复现象，意在让读者加深印象。

　　本书如有不当之处，敬请读者批评指正。

编　者

2018. 11

目　录

1

1. 猴　　弈

西蕃①有二仙，弈于山中树下，一老猴于树上日窥其运子之法，因得其巧。国人闻而往观，仙者遁去，猴即下与人弈，遍国中莫能胜。国王以为奇，献于朝。上诏征能弈者与之较，皆不敌。或言杨靖善弈，时杨靖以事系于狱，诏释出之。靖请以盘贮桃，置于猴前，猴心牵于桃，无心弈，遂败。

【注释】

　　① 西蕃：我国古代对西域一带及西部边境地区的泛称。

【阐发】

　　1. 释"窥"。"窥"指"偷偷地看""悄悄地看"，有时也指"一般地看"。上文"猴于树上日窥其运子"中的"窥"，指"悄悄地看"，因为猴子是不敢大模大样地看仙人下棋的。又，"盗窥其室"，那显然要理解为小贼偷偷地察看他的房间。

　　2. 释"敌"。上文"皆不敌"中的敌，指匹敌、对手，句意为都不是它的对手。又，"无敌于天下"，意为天下没人是他的对手。

【练习】

　　1. 解释加点的词

　　　　① 弈 ＿＿＿＿＿＿＿＿＿

　　　　② 窥 ＿＿＿＿＿＿＿＿＿

　　　　③ 遁 ＿＿＿＿＿＿＿＿＿

　　　　④ 遍 ＿＿＿＿＿＿＿＿＿

⑤ 奇＿＿＿＿＿＿＿＿＿

⑥ 朝＿＿＿＿＿＿＿＿＿

⑦ 上＿＿＿＿＿＿＿＿＿

⑧ 或＿＿＿＿＿＿＿＿＿

⑨ 系＿＿＿＿＿＿＿＿＿

⑩ 诏＿＿＿＿＿＿＿＿＿

2. 翻译

① 因得其巧＿＿＿＿＿＿＿＿＿＿＿＿＿＿＿＿＿＿＿＿＿

② 猴心牵于桃＿＿＿＿＿＿＿＿＿＿＿＿＿＿＿＿＿＿＿＿

【动物成语】

鹰瞵鹗视

瞵：瞪着眼睛看。鹗：一种猛禽。形容用凶狠的目光盯视着。

［例］这伙抢劫犯，半夜里在街上鹰瞵鹗视，希望有单身妇女经过，以抢劫她的手提包。

2. 黠　猱

　　兽有猱（náo）①，小而善缘，利爪。虎首痒，辄使猱爬搔之。久而成穴，虎殊快，不觉也。猱徐取其脑啖之，而以其余奉虎。虎谓其忠，益爱近之。久之，虎脑空，痛发，迹猱，猱则已走避高木。虎跳踉（liáng）②大吼，乃死。

【注释】
　　① 猱：古书中说的一种猿类动物。　　② 跳踉：跳跃。

【阐发】
　　1. 释"快"。现代汉语中的"快"，多指速度方面的事，而古文中的"快"多指人的心理活动。上文"虎殊快"中的"快"，指"畅快"，句意为老虎很畅快。又，"使快弹数曲"，意为让她畅快地弹几个曲子。"酒酣人快"，意为酒喝得痛快，人也畅快。

　　2. 释"徐"。"徐"指"慢慢地"或"渐渐地"。上文"猱徐取其脑啖之"中的"徐"，即指"渐渐地"，句意为猱渐渐地取老虎的脑髓来吃。又，"天雨，骑徐进"，意为天下雨，骑兵慢慢地前进；"吾行也不徐不疾"，意为我走路既不慢又不快。

【练习】
　　1. 解释加点的词
　　　　① 缘＿＿＿＿＿＿
　　　　② 利＿＿＿＿＿＿
　　　　③ 辄＿＿＿＿＿＿

3

④ 穴_____

⑤ 奉_____

⑥ 谓_____

⑦ 迹_____

2. 翻译

① 益爱近之_____

② 猱则已走避高木_____

【动物成语】

龙潭虎穴

潭：深水坑。龙与虎居住的地方。比喻极其凶险的地方。

〔例〕侦察员敢闯龙潭虎穴，收集敌情。

3."的卢"救刘备

刘备屯兵樊城①,刘表礼焉,然惮其为人,不甚信用。尝请备赴宴,蔡瑁等欲因取备。备觉之,伪如厕,潜遁出。所乘马名"的卢"。备骑"的卢"走堕襄阳城西檀溪水中,溺不能出。备急曰:"的卢,的卢! 今日危矣! 可努力。""的卢"乃一踊三丈,遂得以过。

【注释】
　① 樊城:今湖北襄阳市樊城区。

【阐发】
　1. 刘备与刘表,均为汉末豪杰,都想称霸。因此刘表对刘备,表面上十分友好,可心中妒忌害怕。好比同一马路上两家商店,同售电器,两家的老板表面上很友好,然而各怀鬼胎,都想压倒对方。
　2. 释"如"。"如"在文言中可作动词用,相当于"到""往""去",这在现代汉语中是没有的,因此要特别注意。上文"伪如厕",意为假装去厕所。又,"如京",意为到京城去。"如军中",意为到军营中去。

【练习】
　1. 解释加点的词
　　　① 屯＿＿＿＿＿＿＿
　　　② 惮＿＿＿＿＿＿＿
　　　③ 因＿＿＿＿＿＿＿
　　　④ 取＿＿＿＿＿＿＿

⑤ 觉＿＿＿＿＿＿＿

⑥ 遁＿＿＿＿＿＿＿

⑦ 堕＿＿＿＿＿＿＿

⑧ 踊＿＿＿＿＿＿＿

2. 翻译

刘表礼焉＿＿＿＿＿＿＿＿＿＿＿＿＿＿＿＿＿＿＿＿＿＿＿

【动物成语】

单枪匹马

一杆枪，一匹马。原指作战时骑马单身上阵。后泛指一个人干。

［例］她单枪匹马闯入影视圈，很不简单。

4. 蓄蝎为戏

　　管子客①商丘,见逆旅②童子有蓄蝎(xiē)③为戏者。问其术,曰:"吾捕得,去其尾,<u>故彼莫予毒</u>,而供吾玩弄耳。"索观之,其器中蓄蝎十数,皆甚驯。投以食则竞集;撩之以指,<u>骇然纷起窜</u>。观其态,<u>若甚畏人然</u>。于是童子大乐,笑呼持去。客谓管子曰:"得是术也,可以御恶人矣。"

【注释】

　　① 客:寄居在外。　　② 逆旅:旅店。　　③ 蝎:俗称蝎子,尾部末端有毒钩,能蜇人。

【阐发】

　　1. 蝎子有毒,但只要除去它的尾巴,就不会伤人。譬如有十来个土匪,其中两个人有手枪,众人缴掉这两支手枪,就像斩断了人的手臂,他们再也无法作恶了。

　　2. 释"竞"。它指"争""竞争"。上文"投以食则竞集"中的"竞",即指"竞争"。又,"闻有死狐,人竞夺之,以其皮可售",意为听说有死狐,人们争夺它,因为它的皮可以卖。

【练习】

　　1. 解释加点的词

　　　　① 术＿＿＿＿＿＿＿

　　　　② 去＿＿＿＿＿＿＿

　　　　③ 索＿＿＿＿＿＿＿

④ 驯_____

⑤ 撩_____

⑥ 御_____

2. 翻译

① 故彼莫予毒_____

② 骇然纷起窜_____

③ 若甚畏人然_____

【动物成语】

蝎蝎螫(shì)螫

形容人婆婆妈妈,在小事上过分地关心、怜惜。

[例] 针线之类的东西丢了,何必蝎蝎螫螫,放在心里呢?

5. 张之万之马

　　张尚书①之万，蓄一红马，甚神骏，尝日行千里，不喘不汗。有军人见而爱之，遣人来买，公不许。固请，之万无奈，遂牵而去。不几日，马送回，之万怪之，询其故，曰："方乘，遂为掀下，连易数人，皆掀坠，此乃劣马，故退之。"之万求之不得，遂退金收马。比公乘之，驯良如故。盖此马愿终身随主人也。

【注释】
　　① 尚书：古代官名。朝廷中的高官。

【阐发】
　　1. 马对主人极忠心耿耿的。张之万的马，只有主人可以骑，别人别想骑它。
　　2. 释"比"。上文"比公乘之"中的"比"，指"等到"。又，"比及河，敌已去"，意为等到追到河边，敌人已离开。又，"比至死亦不悔"，意为等到死也不懊悔。

【练习】
　　1. 解释加点的词
　　　　① 固＿＿＿＿＿＿＿
　　　　② 询＿＿＿＿＿＿＿
　　　　③ 方＿＿＿＿＿＿＿
　　　　④ 易＿＿＿＿＿＿＿

⑤ 乃＿＿＿＿＿＿＿＿＿＿

⑥ 比＿＿＿＿＿＿＿＿＿＿

⑦ 盖＿＿＿＿＿＿＿＿＿＿

2. 翻译

① 遣人来买,公不许＿＿＿＿＿＿＿＿＿＿　＿＿＿＿＿＿＿＿

② 之万怪之＿＿＿＿＿＿＿＿＿＿＿＿＿＿＿＿＿＿＿＿＿＿＿

【动物成语】

骥服盐车

骥:好马。服:担任;承当。好马拉盐车。比喻怀才不遇。

〔例〕他是著名大学毕业的高材生,如今却当了售货员,犹如骥服盐车,很不得志。

6. 稚　犬

村民赵某家,犬生三子,甫(fǔ)两月,随母行。一虎呼啸出林,疾奔母犬。母犬亟召子伏身下,然已为虎所噬。赵某呼邻里壮士,持矛逐之。二稚犬奔衔虎尾,虎带之走。犬为荆棘挂胸,皮毛殆(dài)尽,终不肯脱。虎因尾为稚犬系累,掉①尾不得脱,行渐迟。众人呐喊而前,追及,毙于众人刀下。噫! 稚犬亦机灵矣。

【注释】

　　① 掉:摆动。

【阐发】

　　1. 这两只小狗既勇敢又机灵,因为它们要为已被老虎吃掉的母亲报仇。

　　2. 释"亟"与"遽"。这两个均为文言虚词,都可解释为"急""立刻""马上"。上文"母犬亟召子伏身下",意为母狗急忙召唤小狗伏在它身下。又,"遽追",意为立刻追赶,也可说成"亟追"。又,"亟告官",也可说成"遽告官"。

【练习】

　　1. 解释加点的词

　　　　① 甫＿＿＿＿＿＿＿

　　　　② 疾＿＿＿＿＿＿＿

　　　　③ 噬＿＿＿＿＿＿＿

④ 逐＿＿＿＿＿＿＿＿＿

⑤ 殆＿＿＿＿＿＿＿＿＿

⑥ 累＿＿＿＿＿＿＿＿＿

⑦ 及＿＿＿＿＿＿＿＿＿

2. 翻译

二稚犬奔衔虎尾,虎带之走＿＿＿＿＿＿＿＿＿＿＿＿＿＿＿＿＿

【动物成语】

虎背熊腰

背宽厚如虎,腰粗壮如熊。形容人的身体魁梧强壮。

［例］此人虎背熊腰,谁也不敢触犯他。

7. 曹 冲 称 象

曹冲者①,生五六岁,智慧所及,有若成人。时吴国孙权致巨象,操欲知其斤重,访之群下,咸莫能出其理。冲曰:"可。"操笑曰:"何以?"冲曰:"置象大船之中,于水痕所至而契,然后以石载船,亦至水痕所至,称石,即可知也。"操悦,即施行焉。未几,巨象之斤重知矣。时人皆誉冲之智。

【注释】

① 曹冲:曹操的小儿子。

【阐发】

1. 象有多重,在当时没那么大的秤能称它。曹冲想出了个好办法,既容易又简单,确是个聪明人。

2. 关于"于"的省略。"于"作为介词,在文言中经常被省略,在理解句意时必须加进去。上文"访之群下",应按"访之(于)群下"理解,意为向手下众人询问这件事;"置象大船之中",应按"置象于大船之中"理解,意为把象放在大船之中;"然后以石载船",应按"然后以石载于船"理解,意为然后把石块载在船上。

【练习】

1. 解释加点的词

①生_____

②及_____

③致_____

④ 契_____

⑤ 悦_____

2. 翻译

① 访之群下,咸莫能出其理_____

② 时人皆誉冲之智_____

【动物成语】

象齿焚身

象牙因为珍贵而招来杀身之祸。比喻财富多而招祸。

[例] 他是当地的土豪,象齿焚身,招来一伙抢劫犯,连性命都不保。

8. 张用良不杀蜂

太仓①张用良,幼时揭蜂窝,尝为蜂螫(shì),故恶(wù)之。后见蜂则百计千方扑杀之。一日薄暮,见一飞虫,投于蛛网,竭力而不能脱。蛛遽束缚之,甚急。忽一蜂来螫蛛,蛛避。蜂数含水湿虫,久之得脱去。张用良因感蜂义,自是不复杀蜂。

【注释】

① 太仓:今江苏太仓。

【阐发】

1. 张用良曾经被蜂蜇过,所以讨厌蜂,有一次看到飞虫投网,竭力挣扎而不能逃脱。后来看到蜂来救虫,死里逃生,从此他不再杀蜂。

2. 释"尝"。"尝"在文言中除了"品尝""尝试"的意思外,主要作"曾""曾经"用。上文"尝为蜂螫",意为曾经被黄蜂刺过。又,"尝经荒漠",意为曾经经过荒凉的沙漠地带;"尝食之",意为曾经吃过它。

【练习】

1. 解释加点的词

　　① 揭＿＿＿＿＿＿＿＿

　　② 螫＿＿＿＿＿＿＿＿

　　③ 恶＿＿＿＿＿＿＿＿

　　④ 薄＿＿＿＿＿＿＿＿

2. 翻译

　　① 投于蛛网,竭力而不能脱_____

　　② 蜂数含水湿虫_____

【动物成语】

蜂拥而至

像一窝蜂似的一拥而来。形容很多人乱哄哄地朝一个地方聚拢。

〔例〕超市新开张,商品一律按七折出售,于是人们蜂拥而至,抢购所需物品。

9. 枭将东徙

枭(xiāo)① 逢鸠②。鸠曰:"子将安之?"枭曰:"我将东徙。"鸠曰:"何故?"枭曰:"乡人皆恶我鸣,以故东徙。"鸠曰:"子能更鸣可矣,不能更鸣,东徙,犹恶子之声。"

【注释】

① 枭:一种凶猛的鸟,它的鸣叫声很难听。俗称"猫头鹰"。　② 鸠:斑鸠、雉鸠等的统称。

【阐发】

1. 知道自己有恶行而不更改的人,到东到西人们都不会欢迎。

2. 释"更"。上文两次说到"更鸣",其中"更"指"改变","更鸣"解释为改变鸣叫声。又,"使者已定,不得更人",意为出使的人员已确定,不能再更改人员。又,"诗稿屡更,已非原样",意为诗稿多次更改,已不再是原样。

【练习】

1. 解释加点的词

　　① 徙＿＿＿＿＿＿

　　② 故＿＿＿＿＿＿

　　③ 恶＿＿＿＿＿＿

　　④ 矣＿＿＿＿＿＿

　　⑤ 犹＿＿＿＿＿＿

2. 翻译

子将安之_____

【动物成语】

狐朋狗党

党：团伙。狐狸结成群，狗聚成帮。泛指一些吃喝玩乐、不务正业的朋友。

〔例〕这群狐朋狗党，好吃懒做，经常敲诈别人。

10. 豺狼争霸

豺[1]、狼同居某山。豺曰:"吾久居此,为山主。"狼曰:"吾祖于此,吾为主。"豺、狼争霸,久未决。是时,虎驰来,即时咬死了豺狼,曰:"究何为主? 吾乃真山主也。"

【注释】

① 豺:形似犬而残猛如狼,俗称豺狗。

【阐发】

1. 豺狼虎豹都是凶猛的野兽。它们互相争夺霸主,占地为王。恰似从前的土匪,三五条枪,七八个人,互相争夺地盘,残害百姓。最终是大鱼吃小鱼,争得你死我活。豺狼呢? 最后被老虎赶走或咬死了。

2. 释"驰"。本指"马快跑",后泛指"快奔"。如,"虎自山中驰来,人皆匿",意为老虎从山中奔来,众人都躲藏起来。

【练习】

1. 解释加点的词

① 主_____

② 祖_____

③ 决_____

2. 翻译

究何为主? 吾乃真山主也_____

19

狼吞虎咽

形容吃东西又急又猛的样子。

［例］他有紧急的事要走，一顿午饭，狼吞虎咽三五分钟就吃好了。

11. 华隆之犬

华隆好猎,畜一犬,号曰"的尾",每出必从。一日,隆至江边,为大蛇围绕周身。犬遂奋而咋(zé)蛇,蛇死焉。而隆僵仆于地,不省人事。犬疾走至家,嗥吠不止。家人怪之,因随犬往,见隆闷绝委①地。车载归家,二日乃苏。隆未苏之间,犬终不食。自此爱怜,如同亲戚焉。

【注释】

① 委:倒。

【阐发】

1. 华隆不醒,狗始终不肯进食,可见华隆爱狗,狗亦念他,互相爱怜。

2. 释"亲戚"。这个词语古今含义有差异。现代人所说的"亲戚",是指姨妈、娘舅、表兄弟等,而古人所说的"亲戚"是指"亲属"与"戚属"两类人。"亲属"指直系的父母、兄弟、姐妹等,"戚属"指姨妈、娘舅、表兄弟等。上文所说"如同亲戚"中的"亲戚",是既指"亲属"又指"戚属"。

【练习】

1. 解释加点的词

① 从＿＿＿＿＿＿＿＿

② 咋＿＿＿＿＿＿＿＿

③ 仆＿＿＿＿＿＿＿＿

④ 省＿＿＿＿＿＿＿＿

⑤ 疾＿＿＿＿＿＿＿

⑥ 苏＿＿＿＿＿＿＿

⑦ 怜＿＿＿＿＿＿＿

2. 翻译

① 家人怪之＿＿＿＿＿＿＿＿＿＿＿＿＿＿＿＿＿

② 车载归家＿＿＿＿＿＿＿＿＿＿＿＿＿＿＿＿＿

【动物成语】

车殆马烦

殆：同"怠"，疲乏。烦：烦躁。车轮不转了，马也烦躁了。形容旅途劳顿。

［例］连续走了二十多天，车殆马烦，该休息几天再上路了。

12. 牛 冢

牛老矣,力惫,无以为耕。主人欲宰之,以其肉售人。牛曰:"吾毕生为尔出力,今欲屠之,仁者不为也。"主人曰:"吾宰尔,售尔肉,市得健牛,岂非一举而两得?"牛曰:"尔有老父母,岂可弃之?"主人悟,乃不杀牛,饲之如初。后牛卒,埋之山麓①下,勒②石曰:"牛冢。"

【注释】

① 麓:山下。　② 勒:刻。

【阐发】

1. 牛说得对,不要因为它老了,就想宰杀它。人有父母,他们年老了,无法干活了,子女难道可以抛弃他们吗?

2. 释"岂"。它常作"难道"解释。上文"岂非一举而两得"中的"岂",即"难道"。又,"此岂吾之过?"意为这难道是我的过错? 又,"窃吾物者,岂非尔?"意为偷我家财物的,难道不是你?

【练习】

1. 解释加点的词

①　惫_____

②　毕_____

③　冢_____

2. 翻译

23

仁者不为也＿＿＿＿＿＿＿＿＿＿＿＿＿＿＿＿＿＿＿＿＿＿＿＿

【动物成语】

牛骥同皂

骥：千里马。皂：牲口槽。牛跟马同槽而食。比喻不好的人与贤人同处。

［例］你是书生，他们是赌徒，岂可牛骥同槽，跟他们混在一起？

13. 郭 纯 伪 哭

东海郡^①郭纯丧母,每哭则群鸟大集,人以为至孝所致。郡守使检之,有实,乃旌表其闾^②。后闻,乃郭纯每哭,必撒饼于地,群鸟争相食之。其后数如此,鸟闻哭声以为度^③,莫不竞凑,非有灵也。人揭之,卒为世人笑。

【注释】

① 东海郡:古郡名,郡治在今山东郯城。 ② 旌表其闾:在他的村里用赐匾额或立牌坊的形式加以表扬。 ③ 度:法则。

【阐发】

1. 郭纯哭亡母,每撒饼于地,引来群鸟争食,别人以为这是他极孝顺母亲,所以出现这奇怪的现象。后来被人戳穿,闹了一场笑话。

2. 释"实"。上文"有实"中的"实",指"事实"。又,"其非实,勿信",意为那不是事实,不要相信。又,"其杀人事,不实,非彼所为",意为那杀人的事,不是事实,不是他干的。

3. 释"伪"。本文题目是"郭纯伪哭",其中"伪"指"假"。又,"此乃伪言,莫之信",意为这是假话,不要相信它。又,"尔毕生无伪,人敬之",意为你一生不做虚假的事,所以人们尊敬你。

【练习】

1. 解释加点的词

① 旌＿＿＿＿＿＿＿＿

② 揭＿＿＿＿＿＿＿＿

③ 卒＿＿＿＿＿＿＿＿＿＿＿

2. 翻译

莫不竞凑＿＿＿＿＿＿＿＿＿＿＿＿＿＿＿＿＿＿＿＿＿＿＿＿＿＿＿

【动物成语】

宝马香车

名贵的良马,华丽的车子。指考究的车骑。

〔例〕他是大富翁,往来宝马香车,引得人们既羡慕又妒忌。

14. 斗牛而废耕

　　卫懿(yì)公①好禽兽,见牴(dǐ)牛②而悦之,禄其牧人如中士③。宁子谏曰:"岂可! 牛之用于耕不在牴。<u>牴其牛,耕必废</u>。耕,国之本也,其可废乎? 臣闻之,<u>君人者不以欲妨民</u>。"弗听。于是卫牛之牴者,贾④十倍于耕牛,牧牛者皆释耕而教牴,农官弗能禁。

【注释】

　　① 卫懿公:春秋时卫国国君。　　② 牴牛:斗牛。　　③ 中士:官职名称,仅次于大夫。　　④ 贾:同"价",价格。

【阐发】

　　1. 这是个昏君,怎么可以因爱好斗牛而荒废耕地呢? 好比嗜赌者,日日与人博,不仅输得精光,连农田也荒废了,一举两失。

　　2. 释"悦"。它指"开心""愉快"。上文"见牴牛而悦之"中的"悦",即指"开心"。又,"是年丰,人皆悦",意为这年丰收,人人喜悦。又,"尔何为不悦",意为你为什么不开心。

【练习】

　　1. 解释加点的词

　　　　① 禄＿＿＿＿＿＿＿＿

　　　　② 岂＿＿＿＿＿＿＿＿

　　　　③ 本＿＿＿＿＿＿＿＿

　　　　④ 弗＿＿＿＿＿＿＿＿

⑤ 释＿＿＿＿＿＿＿＿＿

2. 翻译

① 牴其牛，耕必废＿＿＿＿＿＿＿＿＿＿＿＿＿＿＿＿＿＿

② 君人者不以欲妨民＿＿＿＿＿＿＿＿＿＿＿＿＿＿＿＿＿

【动物成语】

牛衣对泣

牛衣：牛畜遮风避雨之物，用草或麻编成。睡在牛衣中，相对哭泣。形容贫贱夫妻共同过艰苦生活。

［例］他们虽然过着牛衣对泣的日子，但相亲相爱。

15. 鹦 鹉 灭 火

有鹦鹉飞集他山①，山中禽兽皆相贵重。鹦鹉自念：虽乐，不可久也，便去。后数日，山中大火，鹦鹉遥见，便入水濡(rú)羽②，飞而洒之。天神言："汝虽有志，意何足云也③？"对曰："虽知不能，然吾侨居是山，禽兽善行，皆为兄弟，不忍见耳！"天神嘉感，即为灭火。

【注释】

① 他山：别的山头；指不是自己常居的山头。　　② 濡羽：沾湿羽毛。
③ 意何足云也：你的心意哪值得谈呢？

【阐发】

1. 这只鹦鹉不忘昔日禽兽对它的恩情。后来山中大火，禽兽处于危险境地，它沾湿了羽毛去灭火，虽不能说滴水之恩涌泉相报，但至少可以说滴水之恩，湿羽而报。

2. 释"集"。"集"的本义是鸟在树上栖息，因此它有"栖"的含义。上文"鹦鹉飞集他山"中的"集"，即指"栖"。句意为有只鹦鹉飞栖在别的山头上。又，《岳阳楼记》："沙鸥翔集。"意为沙鸥有的飞翔有的栖息。又，"众鸟集于林"，意为很多鸟栖息在林子里；"北雁集此"，意为北方的大雁栖息在这儿。它又指"聚集"。如"集百馀人于郊"，意为一百多人聚集在郊外。

3. 释"嘉"。上文"天神嘉感"中的"嘉"，指"赞扬"，句意为天神赞扬鹦鹉的行为并受到感动。又，"帝嘉其诚，赐黄金百两"，意为皇帝赞扬他的忠诚，赏赐给他黄金一百两；"拾金而不昧，众人嘉之"，意为拾到钱财不私自占有,大家都赞扬他。

【练习】

1. 解释加点的词

① 遥_____

② 志_____

③ 对_____

④ 侨_____

2. 翻译

山中禽兽皆相贵重_____

【动物成语】

谈虎色变

色:脸色。比喻一听到可怕的事物马上紧张起来。

［例］他曾被蛇咬伤,如今一听到说蛇的事,便谈虎色变。

16. 擒 贼

　　杨氏以渔为生,日得鱼数十斤。一日,至市售之,但妻一人于船。二贼欲辱①其妻。杨氏畜②二犬,见贼来,狂吠。妇人出,手持斧,贼③惊,一贼自落水而死,另一贼欲遁。二犬啮其衣,时夫方归,见此,以斧砍贼,贼见势弱,遽逃。

【注释】

　　① 辱:侮辱。　　② 畜:同"蓄"。　　③ 贼:强盗。

【阐发】

　　1."氏",指姓。如杨氏,即姓杨的;张氏,即姓张的。

　　2."贼"与"盗"不同。古代,"贼"指"强盗",即抢劫犯。"盗"指"小偷",如"盗入室窃物",意为小偷进入室内偷东西。

【练习】

　　1. 解释加点的词

　　　　① 售＿＿＿＿＿＿

　　　　② 但＿＿＿＿＿＿

　　　　③ 吠＿＿＿＿＿＿

　　　　④ 啮＿＿＿＿＿＿

　　　　⑤ 方＿＿＿＿＿＿

　　　　⑥ 遽＿＿＿＿＿＿

2. 翻译

一贼欲遁 _____

【动物成语】

鱼目混珠

拿鱼的眼睛冒充珍珠。比喻用假的充当真的。

［例］别看她脖子上挂着金项链,其实是鱼目混珠,假的。

17. 小 儿 逮 鸟

　　吾家院中有一桂，甚茂，众鸟集焉，且巢①于上。有桐花凤②孵雏。吾儿见之上树逮之。母止之，曰："鸟多，家兴旺，毋③害之。"一日，母出门，儿上树窃得二雏。待母还，怒曰："尔何为逮之?"儿曰："嬉也。"母曰："是鸟甚珍贵，非常见。"遂归于巢。

【注释】

　　① 巢：筑巢。　　② 桐花凤：鸟名。　　③ 毋：同"无"，不要。

【阐发】

　　1. 母亲的举动，值得赞美。爱鸟，保护珍稀物种，人人有责。

　　2. 释"雏"。它指幼小的鸟之类。"雏燕"，指刚出窝的小燕子。

　　3. 释"遂"。它常解释为"就"。上文"遂归于巢"，意为就送回窝。

【练习】

　　1. 解释加点的词

　　　　① 甚＿＿＿＿＿＿＿

　　　　② 集＿＿＿＿＿＿＿

　　　　③ 逮＿＿＿＿＿＿＿

　　2. 翻译

　　　　尔何为逮之＿＿＿＿＿＿＿＿＿＿＿＿＿＿＿＿＿＿＿

【动物成语】

鸟语花香

形容春天景象优美,有鸟鸣,有花飘香的。

[例] 这儿春天鸟语花香,真是适合居住的好地方。

18. 螳 臂 当 车

齐庄公①出,有一虫举足将搏其轮,问其御者曰:"此何虫也?"对曰:"此谓螳螂者也。其为虫也,知进而不知却,不量力而轻敌。"庄公曰:"此为②人,必为天下勇武矣。"回车而避之。勇武闻之,知所尽死矣。

【注释】

① 齐庄公:齐国国君。　　② 为:如果是。

【阐发】

1. 螳臂当车,不自量力。

2. 释"御"。上文说的"御者",即"赶车的人"。又,"无马,则以牛御之",意为没有马,就用牛赶车而行。又,"吾夫为人御",意为我丈夫是替人赶车的。

3. 释"却"。"却"指"退",现代汉语中有"退却"一词,可见"退"与"却"是同义。上文"知进而不知却",意为只知道向前进,而不知道退却。又,"三军连却",意为军队接连退却。又,"岳飞连却之",意为岳飞使敌人接连退却。

【练习】

1. 解释加点的词

　　① 举＿＿＿＿＿＿＿＿

　　② 对＿＿＿＿＿＿＿＿

2. 翻译

不量力而轻敌

【动物成语】

螳螂捕蝉,黄雀在后

螳螂捕捉知了,却不知道黄雀在后面要吃它。比喻一心想侵害别人,却不知道有人在后面算计着。

[例]甲军队侵犯乙国领土,企图出师必得,却不知甲国空虚,丙国伺机大举进攻,真是螳螂捕蝉,黄雀在后。

19. 为 小 失 大

或①有夜行者,见地上有绳一条,拾之,乃蛇也。不意为蛇所伤。亟归家,延医治之。逾月,伤愈。此乃图小利而危及生命。

【注释】

① 或:有人。

【阐发】

1. 俗话说贪小利蚀大本。此人为蛇所伤,要请医生,而且耽误了自己的事情,真是得不偿失。当然,他是无恶意的。

2. 释"亟"。它解释为"急"。"亟归家",即急忙回家,或立刻回家。又,"亟延医治",意为急忙请医生治疗。

【练习】

1. 解释加点的词

　　① 乃＿＿＿＿＿＿＿＿

　　② 亟＿＿＿＿＿＿＿＿

　　③ 逾＿＿＿＿＿＿＿＿

2. 翻译

　　延医治之＿＿＿＿＿＿＿＿＿＿＿＿＿＿＿＿＿

【动物成语】

画蛇添足

比喻多此一举。

［例］你这篇作文的结尾是画蛇添足，删去更好。

20. 涸 泽 之 蛇

泽①涸,蛇将徙。有小蛇谓大蛇曰:"子行而我随之,人以为蛇之行者②耳,必有杀子者;不如相衔,<u>负我以行</u>,人以我为神君③也。"乃相衔以越公道④。人皆避之,曰:"神君也,勿伤之。"

【注释】

① 泽:水聚集的地方或生长水草的湖泽。　② 蛇之行者:出行的蛇。③ 神君:有神灵的东西。　④ 公道:大路。

【阐发】

1. 小蛇诡计多端。它让大蛇衔它而行,人们感到奇怪,以为是神灵,两条蛇逃过一劫。

2. 释"徙"。它指"迁移"。上文"蛇将徙",意为蛇将要迁移。又,"吾欲徙洛居",意为我将迁移到洛阳居住。又,"尔久居此,毋徙",意为你长久住在这儿,不要搬走。

【练习】

1. 解释加点的词

① 涸＿＿＿＿＿＿＿＿

② 子＿＿＿＿＿＿＿＿

③ 越＿＿＿＿＿＿＿＿

2. 翻译

负我以行＿＿＿＿＿＿＿＿＿＿＿＿＿＿＿＿＿＿＿＿

【动物成语】

蛇蝎心肠

比喻心地险恶。

［例］这人蛇蝎心肠，专门唆使人干坏事。

21. 瞎子触象

有王告大臣,汝牵一象来示盲者。时众盲各以手触。大王唤众盲问之:"汝见象类何物?"触其牙者,言象如萝菔(fú)①根;触其耳者,言如箕②;触其脚者,言如臼(jiù)③;触其脊者,言如床;触其腹者,言如瓮;触其尾者,言如绳。因其为盲,皆谬也。

【注释】

　　① 萝菔:萝卜。　　② 箕:畚箕,一种农业用具。　　③ 臼:指舂米用的石臼。

【阐发】

　　1. 瞎子摸象,各说各的,都错了。因为他们仅摸到象的某一部分,不是整体。有些人也像瞎子摸象,进入博物馆,各说自己见到了所有珍宝。其实博物馆藏品千万,何至一二。

　　2. 释"谬"。它指"错误的"。上文"皆谬也",意为都是错误的。又,"其言不谬,实有是事",意为他的话没错,确有这事。"天久旱,人祭之,愿龙下雨,谬也",意为天长久不下雨,发生旱灾,众人祭祠之,希望龙王降雨,错了。

【练习】

　　1. 解释加点的词

　　　　① 触＿＿＿＿＿＿＿

　　　　② 脊＿＿＿＿＿＿＿

　　　　③ 瓮＿＿＿＿＿＿＿

2. 翻译

汝见象类何物_____

【动物成语】

龙飞凤舞

形容笔势奔放雄壮而又生动活泼。

［例］这幅草书,写得龙飞凤舞,价值不菲。

22. 食豚而已

人有网得豚①者，剧毒，遂弃之。邻人拾而烹之。或言此鱼有毒，不得食。人不之信，以为诳也。食之。半夜腹痛，亟延医治之，曰："是鱼安得食，危矣！"又延他医治之，曰："无救矣！"一家泣，祭鬼神。翌日，遂亡。谚曰：拼死吃河豚，诚不谬也。

【注释】

① 河豚：一种有剧毒的鱼。

【阐发】

1. 不听忠告，自食恶果，非天命，而是自作自受。有人劝那些富有少年，不要吸毒，少年不听，结果进了戒毒所，有的还被拘留，甚至受到法律惩处。

2. 释"一"。上文"一家泣"中的"一"，指"全"。又，"家贫，一无所有"，意为家中贫穷，全无所有。又，"长烟一空"，意为满天烟雾全散去了。

【练习】

1. 解释加点的词

① 剧＿＿＿＿＿＿＿

② 烹＿＿＿＿＿＿＿

③ 或＿＿＿＿＿＿＿

④ 诳＿＿＿＿＿＿＿

⑤ 呕＿＿＿＿＿＿＿＿

⑥ 延＿＿＿＿＿＿＿＿

⑦ 是＿＿＿＿＿＿＿＿

⑧ 泣＿＿＿＿＿＿＿＿

2. 翻译

① 人不之信＿＿＿＿＿＿＿＿＿＿＿＿＿＿＿＿＿＿

② 诚不谬也＿＿＿＿＿＿＿＿＿＿＿＿＿＿＿＿＿＿

【动物成语】

沉鱼落雁

鱼见之沉入水底,雁见之降落平沙。形容女子貌美。

[例] 这姑娘才十八岁,有沉鱼落雁之貌,人人羡慕。

23. 吴猛恣蚊饱血

晋吴猛,年八岁,事亲至孝。家贫,榻①无帷(wéi)帐②。每夏夜,蚊多嘬(zǎn)③肤。恣渠膏血之饱,虽多,不之驱,恐去而噬其亲也。爱亲之心至矣。诗曰④:夏夜无帷帐,蚊多不敢挥。恣渠膏血饱,免使入亲帏⑤。

【注释】

①榻:卧榻。　②帷帐:此指蚊帐。　③嘬:叮咬。　④诗曰:人们写诗说。　⑤帏:即帷帐。

【阐发】

1. 八岁的孩子,如此懂事,实在少见。宁可让蚊子叮咬自己,而不让父母受叮咬。

2. 释"渠"。上文"恣渠膏血之饱"中的"渠",指代"蚊子",即"它",意为放任蚊子吃他的血。又,朱熹《观书有感》诗:"问渠那得清如许,为有源头活水来。"其中"渠"指代"方塘",相当于"它"。又,"此非常人,不得轻渠",意为这不是平常的人,不能轻视他。

【练习】

1. 解释加点的词

①事＿＿＿＿＿＿＿＿

②恣＿＿＿＿＿＿＿＿

③挥＿＿＿＿＿＿＿＿

2. 翻译

恐去而噬其亲也_____

【动物成语】

蝇飞蚁聚

比喻人众多杂沓,聚集一处。

［例］敌人如蝇飞蚁聚而来。

24. 黠　　鹰

胡某家饲^①一母鸡,孵雏五六。有鹰集于屋上,欲啖之。妻以竹驱之,鹰遂飞离。妻以为无患矣,不妨。回室内纺织。未久,鹰又来,抓一雏而去。呜呼! <u>鹰亦黠矣</u>。

【注释】

① 饲:喂养。

【阐发】

1. 这叫防不胜防。妻以为老鹰被赶走了,不会再来,哪知她错了。这只老鹰非常狡猾。趁人不防,又回过头来,叼走一只小鸡。

2. 释"集"。上文"有鹰集于屋上"中的"集",解释为栖止。又,"有鸟集于树上",意为有鸟栖在树上。

【练习】

1. 解释加点的词

① 啖_____

② 驱_____

③ 患_____

2. 翻译

鹰亦黠矣_____

【动物成语】

鸡毛蒜皮

比喻无关紧要的小事。

［例］同事之间为鸡毛蒜皮的小事计较有伤和气。

25. 犬啮歹徒

何谷家饲二犬,咸凶猛。一日,何家失火,有一歹徒①乘火抢劫财物。二犬狂吠②,且啮住歹徒。歹徒欲走,犬不释。众邻居追及,获歹徒,遂付官。

【注释】

① 歹徒:坏人。　② 吠:狗叫。

【阐发】

1. 从前农家几乎家家养犬。犬见有陌生人上门,便会狂吠。何家失火,歹徒想趁火抢劫,幸亏那狗机灵,咬住歹徒,否则定会失财失物。

2. 从前农家烧饭煮菜,多用柴草,失火的事较常见,因此要小心火烛。自家失火,损失财物,有时还会延及邻居,事情就大了。

3. 释"咸"。上文"咸凶猛"中的"咸",指"都"。有时也可用"皆""均"等。如"皆凶猛"或"均凶猛"。

【练习】

1. 解释加点的词

　　① 啮＿＿＿＿＿＿＿＿

　　② 及＿＿＿＿＿＿＿＿

2. 翻译

　　遂付官＿＿＿＿＿＿＿＿＿＿＿＿＿＿＿＿＿＿＿＿＿＿

【动物成语】

狗急跳墙

比喻坏人在走投无路时，不择手段地蛮干。

〔例〕小偷被人发现后，狗急跳墙，竟跳入河中。

26. 吴 氏 之 马

　　吴氏家有一骏①马,日行千里。然此马多次蹄伤人,欲酬伤者。妇曰:"何不卖之?"吴氏曰:"吾尝有重病,尝藉②此于百里外求医,得愈。无此马,吾已久不在世。"妇悟。

【注释】

　　① 骏:优良的马。　　② 藉:凭借。

【阐发】

　　1. 骏马是宝,曾驮主人去百里外求医治病,怎么舍得卖掉呢?它虽然有缺点,但于主人有救命之恩。

　　2. 释"悟"。它意指"觉醒"或"明白了道理"。上文"妇悟",意为妻子明白了道理。又,"父训之,不学何以成事,儿悟",意为父亲告诫儿子,不学习,怎么能干一番事业,儿子明白了这一道理。

【练习】

　　1. 解释加点的词

　　　　① 酬＿＿＿＿＿＿＿

　　　　② 尝＿＿＿＿＿＿＿

　　2. 翻译

　　　　然此马多次蹄伤人＿＿＿＿＿＿＿＿＿＿＿＿＿＿＿

【动物成语】

马不停蹄

比喻一刻不停地进行。

［例］兄弟两人，马不停蹄，一天之内筑好了一堵围墙。

27. 猫 食 鸡

李家宝家畜(xù)①一猫,甚善,鼠遂绝。一日,李不见一鸡,四处觅②,不见,以为邻人窃之。后见鸡毛散落墙角,方知乃为猫食也。妇曰:"此猫恶,弃之。"李曰:"我家无鼠,谷则无损。有鼠,则全家且饥矣,安得弃之?"此猫训,儿女宝之。

【注释】

① 畜:饲养。　② 觅:寻找。

【阐发】

1. 李家的猫,既有优点,也有缺点。优点是善于捕鼠,缺点是食鸡,两者相比,还是优点为上。因为家有鼠,且鼠繁殖率极高,要是没猫,谷子全被老鼠吃光,损失太大了。

2. 释"且"。上文"全家且饥矣"中的"且",解释"将",句意为全家将饥饿了。又,"天且暮,速行",意为天将要晚了,快走。又,"天且雨",意为天将下雨了。

【练习】

1. 解释加点的词

① 遂＿＿＿＿＿＿＿

② 窃＿＿＿＿＿＿＿

2. 翻译

① 方知乃为猫食也＿＿＿＿＿＿＿＿＿＿＿＿＿＿

② 安得弃之_____

③ 儿女宝之_____

【动物成语】

鼠目寸光

形容目光短浅。

［例］人不可鼠目寸光，只看到眼前，不作长远打算。

28．笼中鹦鹉

富商有段姓者①，畜一鹦鹉，甚慧，能迎客与诵诗。段剪其两翅，置于雕笼。熙宁②六年，段忽系狱。及归，问鹦鹉曰："吾半年在狱，身不由己，极其怨苦。汝在家有人喂饲，何其乐耶。"鹦鹉曰："君半年在狱，早已不堪，吾多年在笼，何乐可言？"段大感悟，即日放之。

【注释】

①有段姓者：有个姓段的人。　②熙宁：宋神宗的年号。

【阐发】

1. 这只鹦鹉的确聪明，回答使主人哑口无言，所以主人放飞了它。它在笼中如同人在狱中，都失去了自由。

2. 释"何其"。"何其"是个固定词组，相当于"多么"。上文"何其乐耶"，意为多么快乐。又，"何其毒"，意为多么狠毒。"何其苦"，意为多么痛苦。

3. 释"即日""不日"与"他日"。"即日"指"当天"。上文"即日放之"，意为当天把鹦鹉放了；"不日"指事后几天之内，如"不日归还"，意为过不了几天就归还；"他日"指以后有一天，如"他日见之"，意为以后某一天见到他。

【练习】

1. 解释加点的词

①畜_____

② 慧_____

③ 及_____

④ 堪_____

⑤ 悟_____

2. 翻译

段忽系狱_____

【动物成语】

鹦鹉学舌

鹦鹉学人说话。比喻人云亦云。

［例］她是鹦鹉学舌，没有自己的主张。

29. 牧竖拾金

有牧竖①,敝衣蓬首赤足,日驱牛羊牧冈间,讴而乐,意惬甚,牧亦善。一日,拾遗金一饼②,内衣领中。自是歌声稍歇,牛羊亦时逸,心患失金,斯乃为金所累也。

【注释】

① 牧竖:牧童。　② 一饼:一块。

【阐发】

1. 得不偿失。那牧童本来放牛放羊,日子过得自由自在,自从拾得一块金子后,歌也不唱了,牛羊也不时逃跑。类似的人也有,有人做小生意,赚了一点钱,于是日日赌博,输得精光。

2. 释"逸"。它指"逃跑"。上文"牛羊亦时逸",意为牛羊也不时地逃跑。又,"犬逸,全家人觅之三日,仍不见",意为家犬逃跑,全家人寻找了三天,依旧没见到它。

【练习】

1. 解释加点的词

　　① 敝＿＿＿＿＿＿＿

　　② 驱＿＿＿＿＿＿＿

　　③ 惬＿＿＿＿＿＿＿

　　④ 内＿＿＿＿＿＿＿

　　⑤ 稍＿＿＿＿＿＿＿

　　⑥ 患＿＿＿＿＿＿＿

2. 翻译

① 讴而乐_____

② 斯乃为金所累也_____

【动物成语】

牛鬼蛇神

牛头的鬼,蛇身的神,奇形怪状的鬼神。形容形形色色的坏人或丑恶的东西。

［例］"文革"中,他被打成牛鬼蛇神,在监狱里蹲了五年。

30. 小 儿 饲 鹊

淮南①有一家。庭有树,其上一巢,鹊育二子,日呱呱自鸣。后值狂风,树折巢毁,二雏坠地。一儿见之,不胜喜,怀而归,旦夕喂之,爱甚,稍长而飞。一猫袭来,攫(jué)而去,儿呕逐之,不及,顿足而泣。儿曰:"早知是,吾放汝林间,且不为猫所食也。是乃吾之过也。"

【注释】
① 淮南:在今安徽中北部。

【阐发】
1. 释"庭"。文言中的"庭",指"院子",也可指"大厅"。上文"庭有树"中的"庭",显然是指"院子"。又,成语"大庭广众"中的"庭"即指"厅堂""大厅"。
2. 释"是"。文言中的"是",多为代词,意为"这""这些""这样"等。上文"早知是",意为早知道这样。又,"是人",意为这个人。"是日",意为这天。

【练习】
1. 解释加点的词
　　① 值＿＿＿＿＿＿＿＿
　　② 坠＿＿＿＿＿＿＿＿
　　③ 稍＿＿＿＿＿＿＿＿
　　④ 攫＿＿＿＿＿＿＿＿

⑤ 及＿＿＿＿＿＿＿

⑥ 泣＿＿＿＿＿＿＿

⑦ 乃＿＿＿＿＿＿＿

⑧ 过＿＿＿＿＿＿＿

2. 翻译

① 儿亟逐之＿＿＿＿＿＿＿＿＿＿＿＿＿＿＿＿＿＿＿＿＿

② 且不为猫所食也＿＿＿＿＿＿＿＿＿＿＿＿＿＿＿＿＿＿＿

【动物成语】

鹊巢知风

喜鹊在巢里知道将要刮风了。比喻人有预见性，也比喻能预见远患而看不到近忧。

［例］鹊巢知风，他预见明后天要下大雨了。

31. 童 堕 涸 井

　　有一童,失足坠入涸井。犬于傍①狂吠不已②。众怪之,围而视之。童于井中号哭。或有胆大者,以索系身,入井救童。众人曳之上。其时童之父母于田间耕作,未之知也。薄暮父母归,再拜而谢。其人曰:"此法,吾尝历过,故尔儿得救。"主人欲酬之,其人辞而去。

【注释】

　　① 傍:同"旁",旁边。　　② 已:停。

【阐发】

　　1. 俗话说:救人一命,胜造七级浮屠(宝塔)。那人曾经用这办法救过人,所以这次也能把坠入涸井的小孩救起。人要胆大,但做事要得法。

　　2. 释"索"。指"绳子"。上文"以索系身",意为用绳子扎住自身。又,"以索系柴草",意为用绳子捆住柴草。

【练习】

　　1. 解释加点的词

　　　　① 坠＿＿＿＿＿＿＿

　　　　② 涸＿＿＿＿＿＿＿

　　　　③ 或＿＿＿＿＿＿＿

　　　　④ 曳＿＿＿＿＿＿＿

⑤ 历＿＿＿＿＿＿＿＿

⑥ 酬＿＿＿＿＿＿＿＿

⑦ 辞＿＿＿＿＿＿＿＿

2. 翻译

未之知也＿＿＿＿＿＿＿＿＿＿＿＿＿＿＿＿＿＿

【动物成语】

犬牙相制

指地界接连,如犬牙相错,可以互相牵制。

[例] 伪军与八路军只相隔一二里路,犬牙相制,谁也不敢贸然动武。

32. 杀　鳖

　　有农于耕作时,得一鳖①,携而归之。儿幼,见而喜之。一日,儿伸手入瓮,戏鳖。鳖突然啮其指,不释。儿号哭。母闻之,速于内室出,见儿为鳖所啮,遂持斤②击。母曰:"此非玩赏之物,岂可嬉之。尔犹未之知也。"薄暮,父归,妻曰如此之事。即夕烹鳖而食。

【注释】

　　① 鳖:俗称甲鱼。　　② 斤:斧头。

【阐发】

　　1. 鳖不是玩赏的东西,看来那幼儿把它当作乌龟了,所以玩赏。正如河豚这种鱼,不识的人吃了,可能中毒而死。

　　2. 释"持"。它指"拿"。上文"遂持斤击",意为就拿了斧头敲击鳖。又,"吾网得数鱼,持归",意为我用网捕到了好几条鱼,拿着它们回家。又,"父持杖击蛇",意为父亲拿着木棍打蛇。

【练习】

　　1. 解释加点的词

　　　　① 携＿＿＿＿＿＿＿＿

　　　　② 啮＿＿＿＿＿＿＿＿

　　　　③ 释＿＿＿＿＿＿＿＿

　　　　④ 薄＿＿＿＿＿＿＿＿

⑤ 夕_____

2. 翻译

尔犹未之知也_____

【动物成语】

鱼贯而入

像鱼头尾相接连续进入。

［例］这场足球比赛，双方都是强队，观者众多，鱼贯而入。

33. 恨 鼠 焚 屋

越①西有独居男子,编木为庐,力耕以食,菽(shū)②粟盐酪(lào),俱无仰于人。家有群鼠,昼则垒垒然行,夜则鸣啮至旦。男子积怨久之。

一日酒醉归,始就枕,鼠百态恼之,目不得瞑。男子曰:"此阴类恶物,何暴之甚!"遂持火四焚之。鼠死庐亦毁。

次日酒解,怅(chàng)然③无所归。

【注释】

① 越:古国名。　② 菽:豆。　③ 怅然:失望的样子。

【阐发】

1. 这男子没头脑,怎么因为老鼠晚上吵闹,而用一把火想烧死它们,结果连屋子也烧毁了。人做事要考虑到后果,不动脑筋,好事也会变成坏事。

2. 释"焚"。它指"火烧"。上文"遂持火四焚之",意为点火四面烧屋。又,"吾祖传古画,为火所焚",意为我祖上的古画,被火烧毁了。又,"有人相怨而焚其庐",意为有人怨恨他,竟然放火烧他家的屋子。

【练习】

1. 解释加点的词

① 庐 _____

② 酪 _____

③ 旦 _____

④ 恼_____

⑤ 瞑_____

2. 翻译

① 俱无仰于人_____

② 此阴类恶物,何暴之甚_____

【动物成语】

鼠肚鸡肠

比喻人气量狭小。

〔例〕我不是鼠肚鸡肠的人,这东西你拿去用,什么时候还都可以。

34. 樵 夫 与 虎

有人入山樵①。虎自山上下，见人，欲噬之。人曰："尔勿我食，吾死，家有一寡母，无人赡养。"虎思良久，遂去。未久，又有狼来，樵者如昔言，狼亦释之。归家，告之母。母曰："尔有仁爱之心，故虎狼不食。"后母失明，儿赡养如初，年九十五而卒。

【注释】

① 樵：砍柴。

【阐发】

1. 樵夫的仁爱之心，竟感动了虎狼，否则必死无疑。如果人人有仁爱之心，不仅年老的父母享受不尽，众人也会赞扬。

2. 释"良"。它是个多义词。上文"良久"中的"良"，指"很"。"良久"即很久。又"是地良美"，意为这地方很美。又，"儿出远门，良久未归"，意为儿子出门，很久没回来。"良"，也有"好"的意思。"此为良田，比年丰收"，意为这是块肥沃的田，连年丰收。

【练习】

1. 解释加点的词

① 噬＿＿＿＿＿＿＿＿＿＿＿

② 昔＿＿＿＿＿＿＿＿＿＿＿

③ 释＿＿＿＿＿＿＿＿＿＿＿

④ 尔＿＿＿＿＿＿＿＿＿＿＿

⑤ 初_____

2. 翻译

尔勿我食_____

【动物成语】

虎尾春冰

虎尾：指踩在老虎的尾巴上，极危险。春冰：春天的冰，薄而易化。这个成语比喻极其危险。

［例］你空手捉毒蛇，好比虎尾春冰，需加倍小心。

35. 蛇 与 蛙

蛇隐于薄(pǔ)^①中，欲觅食。蛙过，蛇速吞之。蛙竭力挣，惜已为蛇噬也。蛇吞之，蛙于蛇腹中鼓气，久未死，蛙亦卒。

【注释】

① 薄：草木丛生的地方。

【阐发】

1. 蛇吞蛙，洋洋得意。然而蛙也有办法对付它。结果两败俱伤，两者皆死。

2. 释"觅"。它指"寻找"。上文"欲觅食"，意为想寻找吃的。"家失斧，觅之久，未见"，意为家里丢了斧头，寻找它，没找到。又，"人欲得虎皮，无地可觅"，意为有人想得到一张虎皮，但没处可寻找到。

【练习】

1. 解释加点的词

　　① 竭＿＿＿＿＿＿

　　② 噬＿＿＿＿＿＿

　　③ 卒＿＿＿＿＿＿

2. 翻译

　　惜已为蛇噬也＿＿＿＿＿＿＿＿＿＿＿＿＿＿＿＿

【动物成语】

毒蛇猛兽

泛指对人类生命有威胁的动物。比喻贪暴者。

〔例〕这人就像毒蛇猛兽，我从不与他交往。

36. 越 人 溺 鼠

鼠好夜窃粟。越①人置粟于盎（àng）②，鼠恣啮，且呼群类入焉。月余，粟且尽，主人患之。人教以术，乃以糠易粟，浮水面。是夜，鼠复来，欣欣然入，不意咸溺死。

【注释】

① 越：古国名。　　② 盎：缸、瓮之类的盛器。

【阐发】

1. 老鼠狡猾，但终比不上人聪明。人有办法捕鼠，以糠易粟浮之水面，溺鼠，这是杀鼠的好办法。譬如有人逃税，但逃不过审计员的审察，结果轻的罚款，重的锒铛入狱。

2. 释"患"。上文"主人患之"中的"患"，指"忧虑"。又，"山洪突发，村人患之"，意为山洪突然暴发，村民为此忧虑。又，"母病，举家患之"，意为母亲有病，全家忧虑。

【练习】

1. 解释加点的词

　　① 且 _____

　　② 术 _____

　　③ 易 _____

　　④ 是 _____

　　⑤ 咸 _____

2. 翻译

鼠恣啮,且呼群类入焉

【动物成语】

獐头鼠目

獐的头尖小,老鼠的眼也小。形容人相貌不佳。

[例] 她长得獐头鼠目,三十多岁还嫁不出去。

37. 画 龙 点 睛

　　张僧繇(yóu)①于金陵②安乐寺,画四龙于壁,不点睛。每曰:"点之即飞去。"人以为诞,因点其一。须臾(yú),雷电破壁,一龙乘云上天,不点睛者皆在。人皆怪之。

【注释】

　　① 张僧繇:南朝梁人,画家。　　② 金陵:今江苏南京。

【阐发】

　　1. 成语画龙点睛,现比喻说话或作文,在关键处用一两句话点明要旨,使全篇精警有神。

　　2. 释"诞"。上文"人以为诞"中的"诞",指"荒唐的""不合情理的",句意为人们认为这是荒唐的。又,"人有见龙自天而下,人皆以为诞",意为有人看见龙从天而降,人们都认为这是不可能的。

　　3. 释"状语后置"的语法现象。在现代汉语中,状语是用来修饰动词谓语的,如"在路上拾到笔","在路上"作状语,修饰"拾到笔",而在文言中常写成"得笔于路",将"于路"置于"得笔"之后,这就是状语后置现象。上文"画四龙于壁","于壁"便是状语后置,翻译时应调整,置于"画四龙"之前,意为在壁上画了四条龙。

【练习】

　　1. 解释加点的词

　　　　① 须臾＿＿＿＿＿＿＿＿

　　　　② 破＿＿＿＿＿＿＿＿

2. 翻译

人皆怪之＿＿＿＿＿＿＿＿＿＿＿＿＿＿＿＿＿＿＿＿

【动物成语】

矫若惊龙

形容笔势、舞姿等的伸缩、腾转,恰如乍现之龙般耀眼夺神。

〔例〕王羲之的书法飘若浮云,矫若惊龙。

38. 王行思爱马

有富民王行思,尝养一马,甚怜之,饲秣甚于他马。一日乘往本郡①,值夏潦暴涨。舟子先济马,回舟以迎行思,至中流,风骤起船覆。其马自岸跃入骇浪,接其主,苍茫②之中,遽免沉溺。

【注释】

　　① 本郡:本地。郡,古代行政区域。　　② 苍茫:旷远无边,此处指开阔的水面。

【阐发】

　　1. 这匹马,主人爱它,它也报答主人。如果没有它,主人就会淹死在骇浪中。

　　2. 释"骤"。上文"风骤起"中的"骤",指"突然"。又,"夏日,天骤雨",意为夏天,天突然下雨。又,"虎骤驰来",意为老虎突然奔过来。又,"人有得病者,骤卒",意为有个人突然生病死了。

【练习】

　　1. 解释加点的词

　　　　① 怜＿＿＿＿＿＿＿＿

　　　　② 值＿＿＿＿＿＿＿＿

　　　　③ 暴＿＿＿＿＿＿＿＿

　　　　④ 覆＿＿＿＿＿＿＿＿

　　　　⑤ 遽＿＿＿＿＿＿＿＿

⑥ 溺＿＿＿＿＿＿＿＿＿＿＿＿

2. 翻译

① 饲秣甚于他马＿＿＿＿＿＿＿＿＿＿＿＿＿＿＿＿＿＿＿＿＿＿＿＿

② 其马自岸跃入骇浪,接其主＿＿＿＿＿＿＿＿＿＿＿＿＿＿＿＿＿＿＿＿

【动物成语】

车水马龙

车子像流水一样接连不断,马像长龙一般首尾相接。形容繁华热闹的样子。

〔例〕京城里车水马龙,非常热闹。

39. 童 恢 伏 虎

　　童恢①除不其②令。民尝为虎所害,乃设槛(jiàn)③捕之,生获二虎。恢闻而出,斥虎曰:"王法杀人者死,伤人则论法④。汝若是杀人者,当垂头服罪;自知非者,当号呼称冤。"一虎俯首闭目,状如震惧,即时杀之。其一视恢鸣吼,遂令释放。吏民为之歌颂。

【注释】

　　① 童恢:东汉人。　　② 不其:古县名,在今山东青岛。　　③ 槛:捕捉野兽的笼子。　　④ 论法:按法判决。

【阐发】

　　1. 两只老虎好像人,懂得童恢的责骂。一只老虎喊冤枉,另一只低头不语。对号呼的当场释放,对低头不语的立刻杀掉。童恢做得对,是非分明。

　　2. 释"除"。"除"本指"台阶",由于台阶可逐级上升,因此它有"升官"的含义。上文"童恢除不其令",意为童恢升任不其县的县官。又,"越年除永州刺史",意为第二年升任永州的刺史。

【练习】

　　1. 解释加点的词

　　　　① 生＿＿＿＿＿＿＿＿

　　　　② 斥＿＿＿＿＿＿＿＿

　　　　③ 垂＿＿＿＿＿＿＿＿

④ 惧_____

⑤ 遂_____

⑥ 吏_____

2. 翻译

自知非者_____

【动物成语】

虎口拔牙

从老虎嘴里拔牙。比喻做极其危险的事。

［例］他胆大心细，敢虎口拔牙，打入敌人内部刺探情报。

40. 司马光卖马

司马温公①闲居西京②,一日令老兵卖所乘马,嘱云:"此马夏月③有肺病,若售者,先语之。"老兵窃笑其拙,不知其用心也。

【注释】

① 司马温公:指司马光,封温国公。　　② 西京:指汴州。　　③ 夏月:夏季。

【阐发】

1. 司马光真是个仁慈的人,自己的马有肺病,卖出时也要对人说清楚。相反,如今有些人,出售伪劣商品,却设法欺诈,唯利是图。

2. 释"拙"。它指"笨"。上文"老兵窃笑其拙"中的"拙",即指"愚笨"。又,"吾拙,学书不成,习画亦不成",意为我笨,学书法不成功,学画也不成功。又,"其人拙,不听人劝",意为那人笨,不听别人的劝诫。

【练习】

1. 解释加点的词

　　① 云_____

　　② 窃_____

2. 翻译

　　若售者,先语之_____

【动物成语】

马齿徒增

徒：白白地。马的牙齿随着年龄增长而增多。看马齿就知道它的年龄。比喻虚度年华，没长进，事业无成。

〔例〕咳，活到六十岁了，马齿徒增，一事无成。

41. 人有失信于海鸥者

海上之人有好鸥鸟①者。每旦之海上,从鸥鸟游。鸥鸟之至者百数②而不去。其父曰:"吾闻鸥皆从汝游。汝取来,吾玩之。"明日至海上,鸥鸟舞而不下也。

【注释】

　　① 鸥鸟:水鸟名,羽毛多为白色,生活在湖海上,又称"海鸥"。　　② 百数:数百,好几百。

【阐发】

　　1. 海鸥本与他游玩,双方和睦相处。后来他听了父亲的坏话,从此鸥鸟再也不飞下来跟他游乐。一件好事,变成坏事。

　　2. 释"之"。上文有好几个"之",其中"每旦之海上"中的"之",指"前往""到"。又,"吾欲之京",意为我打算到京城去。又,"儿之皖,三年未归",意为儿子到安徽去了,三年没回来。

【练习】

　　1. 解释加点的词

　　　　① 旦＿＿＿＿＿＿＿＿

　　　　② 从＿＿＿＿＿＿＿＿

　　2. 翻译

　　　　吾闻鸥皆从汝游＿＿＿＿＿＿＿＿＿＿＿＿＿＿＿＿＿＿

【动物成语】

鸟能择木

鸟选择树木筑巢或栖息。比喻人选择合适的老板工作。

［例］如同鸟能择木，他选择这家公司工作，因为经理知人善用。

42. 慈　鸡

　　李家畜二母鸡,黄白各一,分棚而栖,各饲数雏。晨夕引雏而出,二雌并行,宛若人之洽①其邻者。一日,黄者为人所窃,失母之雏,悲鸣不已。白者频来相顾,若代为悯恻。白后得食相呼,而视为己出。鸡虽微禽,然亦仁也。李君之友因呼之为"慈鸡"。

【注释】

　　① 洽:和睦。

【阐发】

　　1. 这只白鸡,的确可谓"慈鸡"。黄鸡被人偷走后,留下的小鸡,由白鸡代为喂养。

　　2. 释"频"。它指"屡次""频繁"。上文"白者频来相顾"中的"频",即指"频繁"。又,"近年,洪水频发",意为这几年,洪水频繁暴发。又,"吾母之疾,频作",意为我母亲的病,频繁发作。

【练习】

　　1. 解释加点的词

　　　　① 栖＿＿＿＿＿＿＿＿

　　　　② 引＿＿＿＿＿＿＿＿

　　　　③ 并＿＿＿＿＿＿＿＿

　　　　④ 已＿＿＿＿＿＿＿＿

⑤ 悯_____

2. 翻译

① 各饲数雏_____

② 视为己出_____

【动物成语】

鸡飞蛋打

鸡飞走了,蛋打破了。比喻两头落空,一无所得。

[例] 他既想演戏,又想经商,结果鸡飞蛋打,什么也没成功。

43. 犬 救 羊

张治安家有一羊，不慎堕入河中。妇呼救，然无人应，左右邻皆耕于田。羊奄奄一息。其时，一犬突出①，跃入河中，啮住羊脚，竭力曳上岸，羊得救。自此，张家待犬如亲戚焉。

【注释】

① 突出：突然出现。

【阐发】

1. 这是一条机灵的狗。它跃入水中救羊，这是本性，没人教它。动物救助的例子很多，如犬救落水儿童，羊救堕入枯井的主人，等等。

2. 释"竭"。上文"竭力曳上岸"中的"竭"，指"用尽"，意为狗用尽力气把羊拉上岸。又，"邻居家失火，众人竭力相助，火乃灭"，意为邻居家火灾，众人尽力帮助他们，火才熄灭。

【练习】

1. 解释加点的词

　　① 堕＿＿＿＿＿＿＿＿

　　② 息＿＿＿＿＿＿＿＿

　　③ 曳＿＿＿＿＿＿＿＿

2. 翻译

　　张家待犬如亲戚焉＿＿＿＿＿＿＿＿＿＿＿＿＿＿＿

【动物成语】

羊肠鸟道

形容山路狭窄、曲折而险峻。

［例］那儿是羊肠鸟道，很难行进。

44. 绿 衣 使 者

唐明皇时,长安杨崇义妻刘氏与邻人李氏私通①,欲杀崇义。崇义喜鹦鹉,常自喂之。一日崇义醉归,刘氏与李谋而杀之,埋枯井中,僮仆皆不知,唯鹦鹉见之。刘氏故令僮仆觅夫,并告官。官日夜捕贼不得,诣家索寻。架上鹦鹉忽叫:"杀家主者,刘与李也。"官捕二人拷问,具招实情。遂置二人于法,并奏明皇。明皇称鹦鹉义,遂喂于宫中,封为"绿衣使者"。

【注释】

① 私通:指非法的男女关系。

【阐发】

1. 这只鹦鹉目睹刘氏与李氏私通,它如实告诉官吏,杀人的是刘氏与李氏。

2. 释"具"。文言中的"具",作"都""全部"或"一一地""详细地"解释。上文"具招实情",意为全部招供出真实情况。又,"十人具杀",意为十个人全部被杀;"具不答",意为都不回答。

【练习】

1. 解释加点的词

① 枯＿＿＿＿＿＿

② 唯＿＿＿＿＿＿

③ 故＿＿＿＿＿＿

④ 觅＿＿＿＿＿＿＿＿

⑤ 贼＿＿＿＿＿＿＿＿

⑥ 义＿＿＿＿＿＿＿＿

2. 翻译

诣家索寻＿＿＿＿＿＿＿＿＿＿＿＿＿＿＿＿＿＿＿＿＿＿＿＿＿＿＿＿＿＿

【动物成语】

藏龙卧虎

比喻藏有非凡的人物。

〔例〕这镇上读书人多,藏龙卧虎,只是他们见社会恶浊,不愿出去做官。

45. 虎“酬”老妪

有妪山行，见一大虫①，羸然跬(kuǐ)步②而不进。妪因即之，而虎举前足以示妪。妪视之，乃芒刺于掌下，因为拔之。及归，翌日自外掷麋鹿、狐兔至于庭者。妪登垣视之，乃前伤虎也。一旦，忽掷一死人，乃为村人凶者呵捕，云“杀人”。妪具说其由，始得释缚。

【注释】

① 大虫：老虎。　② 跬步：半步与一步。

【阐发】

1. 老妇人给老虎拔掉了脚掌上的芒刺，虎因此掷麋鹿、狐兔给她。但掷进庭院一个死人，终是有惊无险。

2. 释“跬”与“步”。“跬”是个形声字，“足”为形，“圭”为声，指“一举足”；“步”为会意字，上下都是“止”(足)，指“两次举足”。按今人的理解，“跬”为“步”，“步”为“两步”，而古人是指“半步”与“一步”，所以上文“跬步而不进”应理解为半步或一步都难以行动。荀子在《劝学》中说：“不积跬步，无以至千里。”意为不积累半步或一步，就不能到达千里之远的地方。

【练习】

1. 解释加点的词

① 妪________

② 羸________

③ 即_____

④ 庭_____

⑤ 垣_____

⑥ 具_____

2. 翻译

虎举前足以示妪_____

【动物成语】

伏虎降龙

形容力量强大,能战胜一切困难。

［例］他有伏虎降龙的本领,连砍十多棵大树轻而易举。

46. 巧杀黄鼠狼

张邦家畜①一雄鸡，天亮则啼，全家起床。一日，听得鸡鸣，张怪之，起床视之，鸡毛散落于地，知乃为黄鼠狼②所食焉。张思之，又市得一雄鸡，系住其足。待天未明，守之。黄鼠狼又来窃食。张氏以棒击杀之。

【注释】

　　① 畜，同"蓄"，饲养。　　② 黄鼠狼：一种偷吃鸡鸭的动物。

【阐发】

　　1. 人毕竟聪明。黄鼠狼以为一次窃鸡成功，第二次还会有效。可惜它想错了。有些窃贼，一次得手，于是一而再，再而三，结果被人抓住，进了派出所。

　　2. 释"怪"。上文"人怪之"中的"怪"，作意动词用，即"以为奇怪"。

　　3. 释"系"。它指"扎""捆扎"。上文"系住其足"，意为扎住它的脚。

【练习】

　　1. 解释加点的词

　　　　① 市＿＿＿＿＿＿＿

　　　　② 窃＿＿＿＿＿＿＿

　　2. 翻译

　　张怪之＿＿＿＿＿＿＿＿＿＿＿＿＿＿＿＿＿＿＿＿＿

【动物成语】

鸡犬不宁

形容不太平。

［例］父母不和、子女争吵，弄得全家鸡犬不宁。

47. 冤　鸡

　　某山有一寺①，年久失修，无人祭拜。一日，刘家失火，幸得众邻相助，火乃灭。当夜，刘梦见神灵，言古庙无人祭拜。刘欲杀鸡宰鹅祠②之。鸡曰："尔家失火，非吾之过也。"鸭曰："此亦非吾之罪。"刘顿悟。后庙遂废。

【注释】

　　①寺：庙。　　②祠：祭。

【阐发】

　　1. 不要迷信。神鬼之类都是人编造出来的。世上哪有鬼神。得了病要医治，烧香念佛有什么用。如今还有巫婆，替人家捉鬼，何等愚昧。

　　2. 释"相"。上文"幸及众邻相助"中的"相"，表示一方对另一方的动作。这句话的含义是幸亏邻居帮助他。

【练习】

　　1. 解释加点的词

　　　　① 乃＿＿＿＿＿＿＿

　　　　② 亦＿＿＿＿＿＿＿

　　　　③ 悟＿＿＿＿＿＿＿

　　　　④ 废＿＿＿＿＿＿＿

　　2. 翻译

　　　　尔家失火，非吾之过也＿＿＿＿＿＿＿＿＿＿＿＿＿＿＿＿

【动物成语】

鸡皮鹤发

形容老人头发白、皮肤皱。

［例］我外婆九十二岁了，鸡皮鹤发，但精神抖擞。

48. 龙 救 寡 妇

　　周氏年四十许,寡,以砍柴为生。左邻右舍有贫乏不能自存者,则以斗升①济之。天龙感焉。一日进山,突见山洪暴发,归途阻,欲哭无泪。时雷声大作,天龙降焉,曰:"尔欲归乎?"妇颔之。龙曰:"尔倚吾背,吾为尔反。"周氏则骑龙体,龙腾空而起,倏忽至家。儿怪之,再拜。仰首视之,龙已远去矣。

【注释】

　　① 斗升:旧时量器。此指斗升的粮食。

【阐发】

　　1. 周氏虽贫,但见有更困难者,便竭力帮助,真是一个仁慈而又善良的人,故天龙为之感动。

　　2. 释"再"。上文"再拜"中的"再",指"两次"。"再拜"指"连拜两次",表示感谢。又,"三年再会",意为三年后第二次相会。

【练习】

　　1. 解释加点的词

　　　　① 存＿＿＿＿＿＿

　　　　② 济＿＿＿＿＿＿

　　　　③ 暴＿＿＿＿＿＿

　　　　④ 作＿＿＿＿＿＿

⑤ 颔_____

⑥ 反_____

⑦ 倏_____

⑧ 仰_____

2. 翻译

儿怪之_____

【动物成语】

龙争虎斗

形容势均力敌的双方斗争非常激烈。

［例］两家公司销售类似的电器，龙争虎斗，结果两败俱伤。

49. 鹳 救 鹊

　　某氏园中,有古木,鹊巢其上,孵雏将出。一日,鹊徊翔其上,悲鸣不已。顷之,有群鹊鸣渐近,集古木上,忽有二鹊对鸣,若相语状,俄而扬去。未几,一鹳(guàn)①横空而来,"咯咯"作声,二鹊亦尾其后。群鹊见而噪,若有所诉。鹳又"咯咯"作声,似允所请。鹳于古木上盘旋三匝(zā)②,遂俯冲鹊巢,衔一赤蛇吞之。群鹊喧舞,似庆且谢也。盖二鹊招鹳援友也。

【注释】

　　① 鹳:一种凶猛的鸟。　　② 匝:周。

【阐发】

　　1. 这只鹳有义气,鹊有难,它当仁不让,虽有危险,也在所不惜。有些人也是这样,当别人有危难时,挺身而出。

　　2. 释"俄"。上文"俄而扬去"中的"俄",指"一会儿"。又,"俄,天暴雨",意为一会儿,天突下大雨。又,通常与"顷"同用,也指"一会儿"。如"俄顷,云散天晴",意为一会儿,云散去天放晴。

【练习】

　　1. 解释加点的词

　　　　① 雏＿＿＿＿＿＿

　　　　② 已＿＿＿＿＿＿

　　　　③ 集＿＿＿＿＿＿

④ 作＿＿＿＿＿＿＿

⑤ 喧＿＿＿＿＿＿＿

⑥ 盖＿＿＿＿＿＿＿

2. 翻译

① 若相语状＿＿＿＿＿＿＿＿＿＿＿＿＿＿＿＿＿

② 二鹊亦尾其后＿＿＿＿＿＿＿＿＿＿＿＿＿＿＿

【动物成语】

鹊巢鸠占

鸠：斑鸠。喜鹊的窝被斑鸠占据了。比喻强占他人的住处。

［例］该屋空着，那人原说借住两个月，后来竟不走，真是鹊巢鸠占，无赖的行为。

50. 嗜鱼而亡

人有嗜鱼者,然家贫,无钱市鱼。一日,路过一池塘,见鱼百头许①,喜之曰:"若逮得数头,口福也。"惜无具②可获。久之,遂生一计:何不入水逮之。遂解带脱衣,纵身入水。鱼见有人捕,曰:"遽沉入水底。"其人竭力搜,一无所得。久之,力惫而亡。人曰:"欲徒手得鱼,愚哉!"

【注释】

① 许:表示约数,相当于"左右"。　② 具:指捕鱼的工具。

【阐发】

1. 此人愚昧之极,想徒手抓鱼,哪知鱼能游动,岂不徒劳无益?他的死,全是做事欠动脑筋。另有一则故事,说有人徒手与虎搏斗,结果不敌,被老虎吃掉。

2. 释"嗜"。指"喜欢"或"爱好"。如"彼嗜书如命",意为他爱书如爱生命。又,"其人嗜野味",意为那人爱吃野生鸟兽做的菜肴。

【练习】

1. 解释加点的词

①市＿＿＿＿＿＿＿＿

②遂＿＿＿＿＿＿＿＿

③纵＿＿＿＿＿＿＿＿

④遽＿＿＿＿＿＿＿＿

⑤一＿＿＿＿＿＿＿＿

　　⑥惫＿＿＿＿＿＿＿

2. 翻译

　　欲徒手得鱼，愚哉＿＿＿＿＿＿＿＿＿＿＿＿＿＿＿＿＿＿＿＿

【动物成语】

鱼龙混杂

鱼和龙混杂在一起。比喻好人和坏人混杂在一起。

〔例〕这家快递公司鱼龙混杂，有的快递员竟偷了顾客的贵重物品逃了。

51. 弃 犬 为 恶

张某为贾①,于归途中见一弃幼犬,怜之,遂携之归。犬稍大,见不速之客则狂吠。张家有鸡十许,肥而壮。后张某出门贾数日,归家大惊,不见鸡,邻人曰:"尔出门后,鸡咸为犬所食。"张某怒,杀犬烹之。

【注释】

① 贾:经商。

【阐发】

1. 张某本是想做一件好事,但与愿望相反,那条狗长大后,竟然把他家的鸡全部吃光。那狗毫无情义。据传说,有人路见一穷汉,奄奄一息,就施舍数十元,不料此人是个酒鬼,得钱后入酒店全部花光。后来又上门假装感谢,结果偷窃主人家的贵重物品,逃之夭夭。

2. 释"稍"。上文"犬稍大"中的"稍",解释作"渐渐"或"逐渐",句意为狗渐渐长大。又,"稍近,见一大蛇",意为渐渐走近,看见一条大蛇。又,"其稍长,即去家远游",意为他逐渐长大后,便离家去远方游学。

【练习】

1. 解释加点的词

① 遂＿＿＿＿＿＿＿

② 许＿＿＿＿＿＿＿

③ 烹＿＿＿＿＿＿＿

2. 翻译

鸡咸为犬所食_____

【动物成语】

鸡犬不惊

鸡狗也不惊动。形容纪律严明,也指平安无事。

[例] 红军进村,鸡犬不惊,很受群众欢迎。

52. 猪 与 驴

　　猪肥而壮,甚得意,日有人喂饲。主家①又有一驴,日推磨,劳苦之极。猪曰:"汝何若吾?"驴不应。年将终,主人欲杀猪。猪曰:"愿勿杀,救吾一命。"主人勿之听,遂宰。驴曰:"尔肥且壮,徒为人食。吾虽弱,且劳,然主人视吾若宝。"猪叹曰:"此命也,天何生吾而为人食。"驴嗤之。

【注释】

　　① 主家:主人家。

【阐发】

　　1. 养猪养驴,各有用处,但它们的命运不同。养猪为了食用,养驴为了推磨。猪不必骄傲,驴也无须怨尤。同样,暴富者不必骄横,贫穷者不要埋怨。

　　2. 释"徒"。上文"徒为人食"中的"徒",解释为"仅仅""只不过"。又,"敌徒十数人,无惧",意为敌人仅仅十来个人,不要怕。又,"贼徒一个耳,众围之而逮",意为强盗仅仅一人罢了,大伙包围后抓住了他。

【练习】

　　1. 解释加点的词

　　　　① 应＿＿＿＿＿＿＿

　　　　② 宰＿＿＿＿＿＿＿

　　　　③ 嗤＿＿＿＿＿＿＿

2. 翻译

主人勿之听 _____

【动物成语】

驴唇马嘴

又作"驴唇不对马嘴"，比喻答非所问或事物两下不相合。胡扯、瞎说。

［例］有人出了一次远门，回来后瞎说一通，驴唇马嘴，没人相信他。

53. 狼 子 野 心

　　有富人出猎,偶得二狼子,归而与家犬杂畜①。稍长,亦颇驯,主人乃忘其为狼。一日,主人昼寝厅堂,闻群犬呜呜作怒声,惊起环视,无一人。再就枕将寐,犬又如前。乃佯睡以俟。二狼伺②其未之觉,将啮其喉,犬阻之不使前也。主人悟,遂杀之而取其革③,曰:"狼子野心,诚不谬也!"

【注释】
　　① 畜:同"蓄",饲养。　　② 伺:等机会。　　③ 革:皮。

【阐发】
　　1. 这两只狼,恩将仇报。主人收留了它们,它们逐渐长大,结果却要咬死主人,实在可恶。据载,有一对夫妇,年近四十,无子女。后领养了一个孤儿。孤儿成年后,竟拳打脚踢,虐待父母。父母悔之不及。

　　2. 释"驯"。它指"温顺"。上文"颇驯",意为很温顺。又,"吾家有二犬,颇驯",意为我家有两条狗,很温顺。又,"是马不驯,常蹄人",意为这马不温顺,经常踢人。

【练习】
　　1. 解释加点的词
　　　　① 稍＿＿＿＿＿＿＿＿＿
　　　　② 作＿＿＿＿＿＿＿＿＿
　　　　③ 再＿＿＿＿＿＿＿＿＿
　　　　④ 寐＿＿＿＿＿＿＿＿＿

⑤ 啮_____

⑥ 悟_____

2. 翻译

① 惊起环视_____

② 乃佯睡以俟_____

③ 二狼伺其未之觉_____

④ 诚不谬也_____

【动物成语】

狼心狗肺

形容心肠狠毒或忘恩负义。

［例］这家伙狼心狗肺，借了友人几万元，不仅不还，还上门骂街。

54. 越人养狗

越①人道上遇弃狗,狗俯首摇尾而人言,曰:"我善猎。得兽,与尔中分②。"越人喜,引而俱归,食以膏③粱,待之以人礼。狗得盛礼,日益倨(jù),猎得兽,必尽啖乃已。或嗤越人曰:"尔饮食之,得兽,其辄尽啖,奚以狗为?"越人悟,因与分肉,多自与。狗怒,啮其首,断领,走而去之。

【注释】

　　① 越:古国名。　　② 中分:平分。　　③ 膏:肥肉。

【阐发】

　　1. 这条狗,无情无义。它本是丧家之犬,越人好意收养了它,因为少吃了一点肉,竟咬死了主人。据说有个穷汉,饿得昏倒在路上,有人带回家,给他一顿饱饭,结果竟是窃贼,偷了主人家珠宝而溜走了。

　　2. 释"俱"。它指"一同"。上文"引而俱归",意为带着它一同回家。又,"吾欲与尔俱至泰山游",意为我想跟你一同游览泰山。

【练习】

　　1. 解释加点的词

　　　　① 俯＿＿＿＿＿＿＿

　　　　② 引＿＿＿＿＿＿＿

　　　　③ 倨＿＿＿＿＿＿＿

　　　　④ 啖＿＿＿＿＿＿＿

⑤ 悟＿＿＿＿＿＿＿

⑥ 与＿＿＿＿＿＿＿

⑦ 领＿＿＿＿＿＿＿

2. 翻译

① 狗俯首摇尾而人言＿＿＿＿＿＿＿＿＿＿＿＿＿＿＿＿＿

② 尔饮食之＿＿＿＿＿＿＿＿＿＿＿＿＿＿＿＿＿＿＿＿＿

③ 奚以狗为＿＿＿＿＿＿＿＿＿＿＿＿＿＿＿＿＿＿＿＿＿

【动物成语】

狗仗人势

仗：依仗。比喻奴才、走狗倚仗主子的势力欺压别人。

［例］他的父亲是做官的，因此他狗仗人势，在村里横行不法。

55. 鹤亦知人意

卢仁畜二鹤，甚驯。后一创死，一哀鸣不食。卢仁勉力饲之，乃食。一旦，鹤鸣绕卢侧。卢曰："尔欲去，吾不尔羁也。"鹤乃振翅云际，徘徊再三而去。卢老病无子，后三年，归卧乡间，晚秋萧索①，曳杖林间，忽见一鹤盘空，鸣声凄切。卢曰："若非我侣也？果是，即下之。"鹤竟翩翩而下，投于卢怀中，以喙牵衣，旋舞不释。卢遂引之归。卢视之如赤子②，鹤亦知人意，侍卢若亲人。后卢仁卒，鹤终不食而死，族人葬之墓左。

【注释】

①　萧索：清冷寂寞的样子。　　②　赤子：婴儿。

【阐发】

1. 这只鹤与卢仁似亲友，因为早年卢仁释放了它。卢仁晚年凄清，鹤又飞回来陪伴，真是有情有义。

2. 释"创"。上文"后一创死"中的"创"，指"受伤"。又，"猫为人所击，足创，主人悯之"，意为家猫被人打，脚受伤，主人很同情它。

【练习】

1. 解释加点的词

①　驯＿＿＿＿＿＿＿

②　去＿＿＿＿＿＿＿

③ 归＿＿＿＿＿＿＿

④ 曳＿＿＿＿＿＿＿

⑤ 切＿＿＿＿＿＿＿

⑥ 侍＿＿＿＿＿＿＿

⑦ 卒＿＿＿＿＿＿＿

2. 翻译

① 尔欲去,吾不尔羁也＿＿＿＿＿＿＿＿＿＿＿＿＿＿＿＿＿＿

② 若非我侣也＿＿＿＿＿＿＿＿＿＿＿＿＿＿＿＿＿＿＿＿＿＿＿

③ 卢遂引之归＿＿＿＿＿＿＿＿＿＿＿＿＿＿＿＿＿＿＿＿＿＿＿

【动物成语】

鹤鸣之士

鹤鸣:仙鹤的鸣叫声。仙鹤在隐蔽处鸣叫能得到和应。比喻虽没做官,却很有名望的人。

[例] 他是个书画家,隐居乡村,但是个鹤鸣之士,人们都敬仰他。

56. 蛙 与 牛 斗

蛙于草中,视牛渐近,庞然①大物也,嫉之。遂吸气鼓腹,欲过于牛,谓伙曰:"吾腹稍大,似牛乎?"伙曰:"差远矣!"蛙怒,复吸气鼓腹,曰:"今如何?"曰:"与前无异。"蛙暴起,又吸气鼓腹,须臾(yú),腹裂而卒。牛历其旁,践蛙尸于泥中。此谓不自量力者也。

【注释】

　① 庞然:巨大的样子。

【阐发】

　1. 这只蛙不自量力,竟要跟牛比大小,结果腹爆裂而死。

　2. 释"嫉"。它解释为"妒忌"。上文"嫉之",意为蛙妒忌牛。又,"有人筑豪宅者,邻人嫉之",意为有人建豪宅,邻居妒忌他。

【练习】

　1. 解释加点的词

　　① 过＿＿＿＿＿＿

　　② 伙＿＿＿＿＿＿

　　③ 暴＿＿＿＿＿＿

　　④ 践＿＿＿＿＿＿

　2. 翻译

　　① 与前无异＿＿＿＿＿＿＿＿＿＿＿＿＿＿＿＿＿＿＿＿＿＿＿

② 须臾，腹裂而卒_____

【动物成语】

牛溲(sōu)马勃

牛溲：牛的尿(一说车前草)。马勃：一种菌类。比喻虽然微贱但是有用的东西。

〔例〕橘皮、车前子等，虽不值钱，但牛溲马勃，在制作中药中大派用处。

57. 牛羊与犀牛

牛有二角，甚得意。若怒，则触人矣。羊有二角，曰："尔何及吾？"牛曰："尔之二角，乃无用之物，人宰而弃之，徒废物也？"羊默然不应。顷，有犀（xī）牛①过之，羊与牛咸嗤之，曰："尔唯一角，奚若吾辈？"犀牛曰："吾之角，人皆宝之，可治百病。"牛羊相谓曰："人言物以稀贵，诚然。"

【注释】

① 犀牛：一种产于亚洲和非洲的动物，状如水牛。

【阐发】

1. 物以稀为贵，牛羊的角，无大用处，而犀牛的角，十分珍贵，如果得到它，都视为珍宝，可治百病。

2. 释"辈"。上文"奚若吾辈"中的"辈"，相当于"等；类（指人）"。"吾辈"即"我们"。又，"尔辈皆生于淮北"，意为你们都出生在淮北。

【练习】

1. 解释加点的词

　　① 乃 ＿＿＿＿＿＿＿＿

　　② 宰 ＿＿＿＿＿＿＿＿

　　③ 嗤 ＿＿＿＿＿＿＿＿

　　④ 唯 ＿＿＿＿＿＿＿＿

　　⑤ 奚 ＿＿＿＿＿＿＿＿

⑥ 诚_____

2. 翻译

① 尔何及吾_____

② 羊默然不应_____

【动物成语】

羊入虎口

比喻已陷绝境,很难幸免。

［例］数十敌军,已陷入八路军重重包围,犹如羊入虎口,最终全部被捉。

58. 熊救坎中人

有人入山射鹿,忽堕一坎①内,见熊子数头。须臾(yú),有大熊入,以为必害己。良久,大熊出果分与诸子。末后作一份与此人。此人馁久,冒死唉之。熊似甚怜之。每旦,熊母觅食还,辄分果与之,此人赖以支命②。后熊子大,其母一一负而出。子既出尽,此人自分③必死坎中,而熊母复还,入坐人边。人解其意,便抱熊足,熊即跃出,遂得不死。呜呼,人言禽兽无义,然顾此熊,安得言无情哉!

【注释】

①坎:坑。　②支命:活命。　③分:料想。

【阐发】

1. 这头熊有仁慈心,否则那人必死无疑。

2. 释"辄"。上文"辄分果与之"中的"辄",解释为"就"。又,"天雨,辄归",意为天下雨,就回家。又,"见蛇,辄避之",意为看见蛇,就躲避它。又,"见汉军人多,匈奴兵辄遁",意为看见汉军人多,匈奴军队就逃跑。

【练习】

1. 解释加点的词

　　① 堕＿＿＿＿＿＿＿

　　② 良＿＿＿＿＿＿＿

　　③ 馁＿＿＿＿＿＿＿

115

④ 啖_____

⑤ 旦_____

⑥ 顾_____

2. 翻译

安得言无情哉_____

【动物成语】

熊心豹胆

比喻非常胆大。

〔例〕究竟是什么人长了熊心豹胆，敢来惹他的麻烦。

59. 陈谏议教子

宋陈谏议①家有劣马,性暴,不可驭,蹄、啮伤人多矣。一日,谏议入厩,不见是马,因诘仆:"彼马何以不见?"仆言为陈尧咨售之贾人矣。尧咨者,陈谏议之子也。谏议遽召子,曰:"汝为贵臣②,家中左右尚不能制,贾人安能畜之? 是移祸于人也!"急命人追贾人取马,而偿其直,戒仆养之终老。

【注释】

　　① 陈谏议:即陈省华,官至谏议大夫。　　② 贵臣:重臣。

【阐发】

　　1. 陈谏议做得对,劣马怎可卖给别人,岂不害了人家? 据传,某人家有劣狗,多次伤人,后来送给友人,同样咬人,结果花了不少钱给人医治。

　　2. 释"诘"。它指"问""追问"。上文"因诘仆",意为因此追问仆人。又,"家中失物,夫诘妻",意为家里丢了东西,丈人问妻子。又,"父诘儿,何为辍学归家",意为父亲追问儿子,为什么停学回家?

【练习】

　　1. 解释加点的词

　　　　① 厩＿＿＿＿＿＿＿

　　　　② 是＿＿＿＿＿＿＿

　　　　③ 遽＿＿＿＿＿＿＿

　　　　④ 制＿＿＿＿＿＿＿

⑤ 贾_____

2. 翻译

① 蹄、啮伤人多矣_____

② 仆言为陈尧咨售之贾人矣_____

③ 偿其直_____

【动物成语】

蛛丝马迹

沿着蛛网的细丝可以找到蜘蛛的行踪,按照马蹄的印痕可以找到马的去向。比喻隐约可寻的线索和迹象。

[例] 家中失窃,主人寻蛛丝马迹,终于找到了嫌疑犯。

60. 吕某刺虎

　　吕某自谓勇夫,好带刀剑,扬言万夫莫当。一日,南山有虎驰来,一村皆惊,闭户不敢出。吕某曰:"第一虎耳,何惧之有! 吾即缚之!"遂持剑而出。俄见虎,距百步许。虎大吼,眈眈相向。吕则两股战栗,顾左右无人,还走,五色无主①。少顷,村民启户出,见其仆地,不省人事。急治之,良久乃醒。人曰:"虎安在?"吕乃曰:"为我所逐矣!"众人相视而嗤之。

【注释】

　　① 五色无主:形容惊慌失措的脸色。

【阐发】

　　1. 人有胆量,大小自知。吕某不过是个胆小鬼,却自诩有万夫不当之勇。某人家藏数千元,却吹嘘有数十万。当友人向他借五千元,他却面有难色。友人以为他吝啬,其实他有苦说不出。从此朋友与他绝交。

　　2. 释"第"。上文"第一虎耳"中的"第",解释为"只""只不过",句意为只不过一只老虎罢了。又,"彼第一老秀才矣",意为他只不过是个老秀才罢了。又,"钓半日,第得鱼一",意为钓了半天鱼,只得到一条。又,"吾以为乃毒蛇,审视第一泥蛇也",意为我认为是一条毒蛇,仔细看,不过是一条泥蛇。

【练习】

　　1. 解释加点的词

　　　　① 莫_____

② 俄＿＿＿＿＿＿＿

③ 许＿＿＿＿＿＿＿

④ 股＿＿＿＿＿＿＿

⑤ 顾＿＿＿＿＿＿＿

⑥ 走＿＿＿＿＿＿＿

⑦ 启＿＿＿＿＿＿＿

⑧ 仆＿＿＿＿＿＿＿

⑨ 省＿＿＿＿＿＿＿

⑩ 良＿＿＿＿＿＿＿

2. 翻译

① 何惧之有＿＿＿＿＿＿＿＿＿＿＿＿＿＿＿＿＿＿＿＿＿＿

② 眈眈相向＿＿＿＿＿＿＿＿＿＿＿＿＿＿＿＿＿＿＿＿＿＿

③ 虎安在＿＿＿＿＿＿＿＿＿＿＿＿＿＿＿＿＿＿＿＿＿＿＿

【动物成语】

佛口蛇心

佛的口舌,蛇的心肠。比喻嘴上说得好听,心地却狠毒。

［例］他时时赞扬别人,背后却说别人坏话,佛口蛇心,于是没一个真心的朋友。

120

61. 乡 人 藏 虱

　　乡人某者①，偶坐树下，扪得一虱(shī)②，片纸裹之，塞树孔中而去。后二三年，复经其处，忽忆之，视孔中裹宛然。<u>发而验之</u>，虱薄如麸(fū)③。置掌中审顾之。少顷，掌中奇痒，而虱腹渐盈矣。置之而归。<u>痒处核起</u>，肿数日，死焉。

【注释】

　　① 某者：某人。　　② 虱：虱子，它专吸人或动物的血。　　③ 麸：麸子，指小麦磨成粉筛过后剩下的麦皮和碎屑。

【阐发】

　　1. 这人被虱子所害，真是出人意料。更有甚者，据传，有人养眼镜蛇玩，不料被咬，久治不愈，最终一命呜呼。

　　2. 释"复"。它指"又"。上文"复经其处"，意为又经过那儿。又，"方出门，门未掩，复归"，意为刚出门，门未关上，又回来关上。又，"昨雨，今日复雨"，意为昨天下雨，今日又下雨。"人有夜行失途者，见人问，顷见人，复问"，意为有人赶夜迷路，看见人就问路，一会再看见人，又问。

【练习】

　　1. 解释加点的词

　　　　① 扪＿＿＿＿＿＿＿

　　　　② 宛＿＿＿＿＿＿＿

　　　　③ 审＿＿＿＿＿＿＿

④ 顾＿＿＿＿＿＿＿＿＿＿＿＿

⑤ 盈＿＿＿＿＿＿＿＿＿＿＿＿

2. 翻译

① 发而验之＿＿＿＿＿＿＿＿＿＿＿＿＿＿＿＿＿＿＿＿＿＿＿＿＿＿

② 痒处核起＿＿＿＿＿＿＿＿＿＿＿＿＿＿＿＿＿＿＿＿＿＿＿＿＿＿

【动物成语】

虱多不痒

身上的虱子多了，反而不觉得痒。形容债务等多了，反而不忧愁。比喻困难成堆，认为反正一时解除不了，也就不去愁它了。

［例］他欠了无数人的债，虱多不痒，照样活得自由自在。

62. 雏　　燕

　　吾弟爱鸟，日思得一雏①。今春，有燕自南来，竟日衔泥，筑室于檐下，劳甚。未几，啾啾之声可闻，盖雏燕出壳矣。一日，有雏坠于堂下，弟拾之，不胜喜，纳于笼而饲之。母见之，曰："是乃益鸟，食虫害，且南飞越冬，尔安得久饲之？"趣②弟遽释之。弟恋恋不舍，然视雏意甚哀。雏飞于巢，与其家人熙熙而乐也。

【注释】

　　① 雏：幼小的鸟。　　② 趣：同"促"，催促。

【阐发】

　　1. 燕子春夏北上，秋冬则南飞。它筑巢于高爽的地方，如果有燕来筑巢，主人十分欢迎，以为有喜事将到来。它吃害虫，人人爱护它。

　　2. 释"竟"。上文"竟日衔泥"中的"竟"，指"终"。又，"有志者事竟成"，意为有志气的人最终能成功。又，"吾父竟日耕于田，甚劳"，意为我父亲终日在田间耕作，十分劳累。

【练习】

　　1. 解释加点的词

　　　　① 坠＿＿＿＿＿＿＿＿

　　　　② 饲＿＿＿＿＿＿＿＿

　　　　③ 越＿＿＿＿＿＿＿＿

　　　　④ 遽＿＿＿＿＿＿＿＿

2. 翻译

尔安得久饲之＿＿＿＿＿＿＿＿＿＿＿＿＿＿＿＿＿＿＿＿＿＿＿＿＿

【动物成语】

燕妒莺惭

形容女子貌美,使燕子妒忌,黄莺惭愧。

［例］这妙龄少女,长得燕妒莺惭,谁不羡慕?

63. 智犬破案

去杭州百里许,有一古刹(chà)①,香火颇旺。一夕,有盗逾墙而入。犬吠,僧觉。盗劈僧首,立仆。遂越②货而亡。翌日,二小僧入室见之,讶甚。乃诣(yì)官府诉之,其犬亦从。途经一酒肆,见五六酒徒狂饮。犬伫足不前,僧怪之。俄而犬跃入肆,啮一徒不置。僧疑为盗,缚而送官。吏审之,果然。盖犬亦有智也。

【注释】

① 刹:寺庙。　② 越:抢劫

【阐发】

1. 这条狗有智慧,它能咬住抢劫犯,因为昨日晚上曾见过。农家一般都养狗,狗见主人家的人,俯首摇尾,十分亲近。如果来了陌生人,便狂吠。熟悉与不熟悉的缘故。

2. 释"逾"。"逾"指"越"。上文"有盗逾墙而入",意为有小偷翻墙进入庙内。又,"逾午方至",意为过了中午才到达。"年逾六十",意为年龄超过了六十岁。

【练习】

1. 解释加点的词

　　① 夕＿＿＿＿＿＿＿

　　② 觉＿＿＿＿＿＿＿

　　③ 诣＿＿＿＿＿＿＿

④ 从_____

⑤ 肆_____

⑥ 俄_____

⑦ 官_____

⑧ 盖_____

2. 翻译

① 讶甚_____

② 犬伫足不前,僧怪之_____

【动物成语】
狗急跳墙
形容坏人在走投无路时不择手段地蛮干。

[例] 小偷被人发觉后,狗急跳墙,拔出刀来威胁。

64. 犬 救 幼 女

呈贡①县村民畜一犬，甚驯。母未时上山采薪，幼女随之不及，后于母里许。俄大雪，<u>母薄暮负薪归</u>，女与犬俱不见。母惊怖万状，奔走号呼，竟不见女。邻里相助，亦无济于事。是夜幼女之父母悲痛欲绝，以为女或溺水，或堕井，或为狼所食。凌晨，复邀邻人觅之，见女卧大树下，犬倚偎在旁，乃不死。邑人无不称奇。

【注释】

① 呈贡：今云南昆明市呈贡区。

【阐发】

1. 释"邑"。"邑"指"县"，也可指"当地"。上文"邑人无不称奇"中的"邑人"，既可理解为"县里的人"，也可理解为"当地的人"。又，"所居邑近海"，意为所住的地方靠近海。

2. 释"未时"。上文说到"母未时上山采薪"，"未时"是什么时间？古代一天24小时是按子、丑、寅、卯、辰、巳、午、未、申、酉、戌、亥12个时辰计算的。"子"相当于23点—1点；"丑"为1点—3点；"寅"为3点—5点；"卯"为5点—7点；"辰"为7点—9点；"巳"为9点—11点；"午"为11点—13点；"未"为13点—15点；"申"为15点—17点；"酉"为17点—19点；"戌"为19点—21点；"亥"为21点—23点。因此那妇女出门的时间当在下午1点到3点之间。

【练习】

    1. 解释加点的词

        ① 及＿＿＿＿＿＿＿＿

        ② 俄＿＿＿＿＿＿＿＿

        ③ 俱＿＿＿＿＿＿＿＿

        ④ 竟＿＿＿＿＿＿＿＿

        ⑤ 绝＿＿＿＿＿＿＿＿

        ⑥ 乃＿＿＿＿＿＿＿＿

    2. 翻译

        母薄暮负薪归＿＿＿＿＿＿＿＿＿＿＿＿＿＿＿＿＿＿＿

【动物成语】

犬马之劳

像狗和马一样所做的操劳。表示尽力为别人效劳。

［例］你有什么困难，我愿效犬马之劳，竭力帮助你。

65. 二　鸿

有弋(yì)人^①得一鸿^②，其雄者随而飞抵其家，哀鸣徘
徊，至暮始去。翌日^③又至，弋人并捉之，见其伸颈俯仰，吐
出黄金半锭(dìng)^④。弋人悟其意，乃曰："是将以赎妇也。"
鸿颔(hàn)之。遂释二鸿。二鸿遂双飞而去。弋人称金，得
二两六钱强。噫！禽兽何知，而钟情若此！悲莫悲于生别
离，岂物亦然哉？

【注释】

　　① 弋人：射鸟的人。　　② 鸿：天鹅。　　③ 翌日：第二天。　　④ 锭：块状
的金属。

【阐发】

　　1. 这只雄性的天鹅，专注于爱情。雌鸿被人射得，它不仅哀鸣，而
且不知从何处衔来半块黄金，用来赎雌天鹅。人类也有类似的事，某丈
夫中风二十年，瘫痪在床，妻子不离不弃，侍奉了二十年，钟于夫妻之
情，人们都很感动。

　　2. 释"释"。它指"放走"。上文"遂释二鸿"，意为就放走了这两只
天鹅。又，"蛇啮人不释"，意为蛇咬住人不放。

【练习】

　　1. 解释加点的词

　　　　① 徘徊＿＿＿＿＿＿＿

　　　　② 悟＿＿＿＿＿＿＿

129

③ 是＿＿＿＿＿＿＿＿＿

④ 以＿＿＿＿＿＿＿＿＿

⑤ 颔＿＿＿＿＿＿＿＿＿

⑥ 强＿＿＿＿＿＿＿＿＿

⑦ 钟＿＿＿＿＿＿＿＿＿

2. 翻译

① 其雄者随而飞抵其家＿＿＿＿＿＿＿＿＿＿＿＿＿＿＿＿＿

② 岂物亦然哉＿＿＿＿＿＿＿＿＿＿＿＿＿＿＿＿＿＿＿＿＿

【动物成语】

鸿篇巨著

形容篇幅很长、规模巨大的作品。

［例］《战争与和平》是一部鸿篇巨著,洋洋数百万言。

66. 郑韶大难不死

隋炀帝①时,闽②中太守郑韶养一犬,怜爱过子。韶有仇家,曰薛元周。薛怨恨于心,常怀刃欲刃韶,然未得其便。一日,薛俟于巷口,知韶欲出。韶将出,犬曳(yè)其衣不放。韶怒,令家人缚犬于柱。犬掣绝绳而走奔之,又曳其衣不使去。韶异之。犬忽嗥吠,腾身咬杀元周。韶搜元周衣,果匿匕首③。

【注释】

① 隋炀帝:隋朝的末代皇帝。　② 闽:今福建一带。　③ 匕首:锋利的小刀。

【阐发】

1. 这条狗有如此灵性,实在少见。它竟能估计到有人要伤害主人,于是再三阻止主人,不让出门。郑韶果然大难不死。

2. 释"匿"。它指"暗藏"等。上文"果匿匕首",意为果然暗藏着匕首。又,"邻有窃人鸡者,匿之",意为邻居有偷人家鸡的,而且暗藏起来。又,"人有匿其名而讼于官",意为有人隐藏姓名而向官府告状。

【练习】

1. 解释加点的词

　　① 过＿＿＿＿＿＿

　　② 俟＿＿＿＿＿＿

　　③ 曳＿＿＿＿＿＿

2. 翻译

　　① 常怀刃欲刃韶,然未得其便_____

　　② 犬掣绝绳而走奔之_____

　　③ 韶异之_____

【动物成语】

犬牙交错

错:交叉。比喻交界线很曲折,或比喻多种因素牵连,形势复杂。

[例] 这里山高人稀,两国犬牙交错,一时难以划定分界线。

67. 人有捕鱼者

池有游鱼，其人见之，喜曰："此可得也。"鱼相谓曰："速沉入底。"人俟之。久之，鱼见无人，浮出，见人，又倏^①沉。是人狡，久候之。鱼曰："是辈猾，非吾辈所能及。"其人自晨至夕，一无所获。怅然而归。翌日，又欲捕之。或曰："尔日日欲得鱼，废，得不偿失。"捕鱼者省之，还而耕，耕而有获，售谷而市鱼。

【注释】

① 倏：刹那间。

【阐发】

1. 此人想吃鱼，天天去捕鱼而无获，结果田地荒废，得不偿失。后幡然醒悟，终有所获。

2. 释"俟"。它指"等候"。上文"人俟之"，意为那人等候在那里。又，"盗俟主人出门，辄入室窃物"，意为小偷等待主人出门，便入室内盗窃。又，"俟吾有暇，辄与尔同游"，意为等我有了空闲，就跟你出去同游。

【练习】

1. 解释加点的词
　　① 倏＿＿＿＿＿＿＿
　　② 或＿＿＿＿＿＿＿
　　③ 省＿＿＿＿＿＿＿

④ 市＿＿＿＿＿＿

2. 翻译

非吾辈所能及＿＿＿＿＿＿＿＿＿＿＿＿＿＿＿＿

【动物成语】

鱼游釜中

釜：古代一种煮饭的锅子。比喻身处绝境,难逃一命。

〔例〕数十敌军,被我军团团包围,如鱼游釜中,有的被击毙,有的被俘。

68. 林逋之鹤

　　宋人林逋(bū)，隐居杭州孤山①，常畜两鹤，纵之则飞入云霄，盘旋久之，复入笼中。林逋常泛舟游西湖诸寺，有客至逋所居，则一童子启门延客坐，即开笼纵鹤。俄顷逋必棹②(zhào)小船而归。盖逋以鹤飞为验也。

【注释】

　　① 孤山：杭州西湖中最大的岛屿。　　② 棹：划船。

【阐发】

　　1. 这鹤好似家中仆人，有客人来，就请主人出门迎接。平时则守门，以防盗贼。

　　2. 释"纵"。上文"纵之则飞入云霄"中的"纵"，即"放"。又，"纵虎归山，非善也"，意为放老虎回到山中，这不是好事。又，"纵敌，岂慈心也?"意为放走敌人，难道是善良的心肠吗?

　　3. 释"霄"与"宵"。"霄"与"宵"均读 xiāo，但含义不同。"霄"指天空，如上文所说的"云霄"。如，成语"九霄之外"。"宵"指夜，如"元宵"（正月十五的夜晚）。

【练习】

　　1. 解释加点的词

　　　　① 诸＿＿＿＿＿＿＿＿＿

　　　　② 验＿＿＿＿＿＿＿＿＿

　　2. 翻译

【动物成语】

鹤立鸡群

比喻仪表或才能在人群中很突出。

［例］她是电脑能手，在公司里如鹤立鸡群，无人匹敌。

69. 蛛 与 蚕 问 答

蛛见蚕吐丝为茧,乃曰:"汝之吐丝,终日辛劳,讫自缚,何苦为①? 蚕妇操汝入沸汤,抽为长丝,遂丧躯。然则其巧也,适以自杀,不亦愚乎?"蚕对曰:"吾固自杀。然世人无吾,非寒冻而殁(mò)②乎? 尔口吐经纬③,织成网,坐伺其间,俟蚊虻投网而自饱。巧则巧矣,其心何忍!"噫,世之人为蚕乎? 抑为蛛乎?

【注释】

① 为:助词,常跟"何"相应,表示疑问或感叹。　　② 殁:死。　　③ 经纬:指横的、竖的丝。

【阐发】

1. 蜘蛛结网,等候飞虫入网而吃之。蚕吐丝结茧,为了使人保暖。各有各的职能与需求,不必互相嘲讽。犹如木匠与泥水匠,各有技能,不必互相轻视。

2. 释"汝"。它指"你"。上文"汝之吐丝"中的"汝",即为"你"。又,"汝父与吾为友",意为你的父亲跟我是朋友。又,"汝家何处",意为你的家在什么地方?

【练习】

1. 解释加点的词

　　① 汤＿＿＿＿＿＿＿＿

　　② 丧＿＿＿＿＿＿＿＿

③ 伺＿＿＿＿＿＿＿＿＿

④ 抑＿＿＿＿＿＿＿＿＿

2. 翻译

① 吾固自杀＿＿＿＿＿＿＿＿＿＿＿＿＿＿＿＿＿＿＿＿＿＿

② 非寒冻而殁乎＿＿＿＿＿＿＿＿＿＿＿＿＿＿＿＿＿＿＿＿＿

【动物成语】

蛛网尘埃

形容居室、器物等长期封存而无人动用。也比喻陈旧、腐朽、肮脏的东西。

［例］他头脑里的蛛网尘埃太多了,要好好地清理,推陈出新。

70. 一幅虎画

予友人善画虎，其庐①之四壁皆虎画：或腾或扑，或吼或奔，或挈幼或独行，形态各异，<u>皆毕肖</u>。吾尝乞得一幅，高二尺奇，宽三尺许。其二虎，雌雄各一。雄者蹲于石，昂首远视，张口，若呼啸状；雌者伏于侧，足前伸，神情怡然。旁有奇石三四，似助威也。余县之东壁，爱甚。

【注释】

① 庐：简陋的房屋。此指室内。

【阐发】

1. 画老虎的人很多，但画虎画皮难画骨。这"骨"表示精神状态。那友人画老虎，把它的精神显示出来了，活龙活现。

2. 释"奇"。上文有两个"奇"，它们的解释不同："高二尺奇"中的"奇"读 jī，指"零数"，意为高度超过二尺；"旁有奇石三四"中的"奇"读 qí，指"特殊的""罕见的"，意为旁边有三四块奇形怪状的石头。

3. 释"县"。它同"悬"。上文"余县之东壁"中的"县"，即"悬"字，意为"我把画悬挂在东面的墙壁上"。这种一个字相当于另一个字的现象，文言中叫"通假"现象。

【练习】

1. 解释加点的词

① 挈＿＿＿＿＿＿＿

② 乞＿＿＿＿＿＿＿

③ 许_____

　　④ 怡_____

2. 翻译

皆毕肖_____

【动物成语】

放虎归山

比喻放走坏人,留下祸根。

[例]这强盗不能让他走,否则放虎归山,以后还会干坏事的。

71. 卞庄子刺虎

有虎争食，卞庄子欲刺之，馆竖子①止之曰："两虎方食牛，食甘必争，争则必斗，斗则大者伤小者死，从伤而刺之，一举必有杀双虎之名。"卞庄子以为然，立须②之。有顷，两虎果斗，大者伤小者死。卞庄子从伤而刺之，一举果有双虎之功。

【注释】

① 馆竖子：旅馆里的小伙计。　② 须：等待。

【阐发】

1. 这小伙计很有见识。如果卞庄子马上去刺老虎，极危险。不如让它们互斗，使其两败俱伤。卞庄子刺虎，一举两得。

2. 释"举"。"举"是个多义词。上文"一举果有双虎之功"中的"举"，指"行动"，意为一次行动果然有杀死两只老虎的收获。成语"举一反三"，意为从一件事物的情况、道理类推而知道其他的；"举棋不定"，本意为拿着棋子不知放哪个位置，形容犹豫不决；"举国上下"，意为全国上上下下；"举目无亲"，意为睁开眼不见一个亲人，形容处在陌生的环境中。

【练习】

1. 解释加点的词

　　① 方 ＿＿＿＿＿＿＿

　　② 甘 ＿＿＿＿＿＿＿

③ 顷_____

2. 翻译

卞庄子以为然_____

【动物成语】

虎视眈眈

眈眈：注目的样子。像虎一样注视着。形容恶狠狠地盯着。

［例］你何必虎视眈眈呢？有话可以说呀！

142

72. 老鹰抓小鸡

牝(pìn)鸡①引雏(chú)于庭,啄残粒,拾虫蚁,"叽叽"自得。隼②(sǔn)过其上,牝鸡以为搏雏也,亟翼雏匿之。隼无奈而去,牝鸡出雏,饮食如故。

顷之,有乌下集其傍,牝鸡护雏且避且就。乌狎(xiá)之,鸡以为无害也,遂恣(zì)雏饮啄而不避。乌伺鸡无虑,亟攫一雏而去。

【注释】

　　① 牝鸡:母鸡。　　② 隼:凶猛的鸟。

【阐发】

　　1. 麻痹大意要不得,而敌人为了达到其目的,常用种种方法使对手放松警惕。

　　2. 释"恣"。上文"遂恣雏饮啄而不避"中的"恣",指"放任"。又,"无恣儿不学",意为不要放任儿子不学习。又,"路侧有果,恣路人摘",意为路旁有树结了果子,放任经过的人采摘。

【练习】

　　1. 解释加点的词

　　　　① 雏＿＿＿＿＿＿＿

　　　　② 庭＿＿＿＿＿＿＿

　　　　③ 集＿＿＿＿＿＿＿

　　　　④ 就＿＿＿＿＿＿＿

⑤ 伺＿＿＿＿＿＿＿＿

⑥ 攫＿＿＿＿＿＿＿＿

2. 翻译

① 牝鸡以为搏雏也＿＿＿＿＿＿＿＿＿＿＿＿＿＿＿＿＿＿

② 亟翼雏匿之＿＿＿＿＿＿＿＿＿＿＿＿＿＿＿＿＿＿＿＿

③ 乌狎之＿＿＿＿＿＿＿＿＿＿＿＿＿＿＿＿＿＿＿＿＿＿＿

【动物成语】

鸡犬不留

连鸡狗都不能幸免。形容斩尽杀绝。

［例］敌人进村后，见什么都抢，鸡犬不留，凶狠到极点。

73. 牛 与 鸭

　　牛耕田，食草。鸭有人饲，日嬉①戏于水中。鸭笑牛："尔如是辛劳，何及吾。"牛默然不应。不久，主人延客宴，宰鸭。牛曰："尔辈徒然为人食，何如吾年年为主人有获。"鸭且死，叹曰："吾不如牛也。"

【注释】

　　① 嬉：玩耍。

【阐发】

　　1. 鸭在牛前，得意洋洋，认为牛吃草，又十分辛劳，而自己整日在水中嬉戏，而且有人喂养。但是鸭子不几日成为锅中食物，牛则安然无恙。

　　2. 释"延"。它是个多义词。上文"主人延客宴"中的"延"，指"邀请"。又，"吾有疾，延医治之"，意为我有病，请医生治疗。又，"吾欲延友人同游黄山"，意为我想邀请朋友一同游览黄山。

【练习】

　　1. 解释加点的词

　　　　① 应＿＿＿＿＿＿＿＿

　　　　② 宰＿＿＿＿＿＿＿＿

　　　　③ 且＿＿＿＿＿＿＿＿

　　2. 翻译

　　尔辈徒然为人食＿＿＿＿＿＿＿＿＿＿＿＿＿＿＿＿＿＿＿＿

【动物成语】

以羊易牛

易：换，代替。用羊代替牛。比喻用这个代替那个。

［例］家无鱼可食，以羊易牛，杀鸡宰鸭亦可。

74. 狼 酬 猎 人

人有入山猎者，中（zhòng）狼。狼曰："无杀吾，必有酬。"翌日^①猎人启户，见一死兔，烹而食之，甚美。不日，又有死狐入舍，猎人以其革售之，得百文^②。未久，又有死雉^③送上门。猎人悟，此必狼酬也。自此，猎人射虎、豺而勿击狼。

【注释】

　　① 翌日：第二天。　　② 文：量词，用于旧时的铜钱。　　③ 雉：俗称野鸡。

【阐发】

　　1. 人们都说狼凶狠，可是这只狼却有良心，非常特殊。据载，有一罪犯出狱后经商，得钱后助学。人们都称赞他，说他改恶从善。

　　2. 释"酬"。它指"以财物报答别人"。上文"无杀吾，必有酬"，意为不要杀我，将来必定报答你。又，"病愈，以百文酬之"，意为病治好了，用百文铜钱报答医人。

【练习】

　　1. 解释加点的词

　　　　① 中＿＿＿＿＿＿

　　　　② 酬＿＿＿＿＿＿

　　　　③ 启＿＿＿＿＿＿

　　　　④ 烹＿＿＿＿＿＿

　　　　⑤ 悟＿＿＿＿＿＿

2. 翻译

　　猎人以其革售之_____

【动物成语】

狼奔鼠突

　　像狼和老鼠一样乱跑乱窜。形容坏人或敌人乱跑乱窜。

　　［例］敌人被打得狼奔鼠突，没几个逃脱的。

75. 有儿坠入深坑

有儿不慎坠入深坑。狼来,喜之。然其思之久,若入坑食儿,已亦不得上,终馁而死。伫立久之,不欲走。其时适有猎者过,中狼,狼嗥而逸。猎者视坑,见一儿,然亦无术①救之。遂归家,呼众人救之。人有以索系身,入坑,众人竭力曳之上。父母知之,再拜而谢。

【注释】

① 术:办法。

【阐发】

1. 这小孩坠入深坑,幸亏众人设法救了他。仁爱之心,人人都应该有。

2. 释"馁"。它指"饥饿"。上文"终馁而死",意为最终饿死。又,"不耕则举家馁",意为不种田,全家会饥饿。又,"狼馁,欲觅得兔而食之",意为狼饥饿,想找到兔吃。

【练习】

1. 解释加点的词

　　① 坠＿＿＿＿＿＿＿

　　② 若＿＿＿＿＿＿＿

　　③ 伫＿＿＿＿＿＿＿

　　④ 适＿＿＿＿＿＿＿

⑤ 中＿＿＿＿＿＿＿

⑥ 索＿＿＿＿＿＿＿

2. 翻译

① 狼嗥而逸＿＿＿＿＿＿＿＿＿＿＿＿＿＿＿＿＿＿＿＿

② 众人竭力曳之上＿＿＿＿＿＿＿＿＿＿＿＿＿＿＿＿＿＿＿＿

【动物成语】

狼烟四起

狼烟：燃烧狼粪产生的烟，古代用以报警，借指战火。形容战争纷起，社会动荡不安。

［例］日军侵犯我国，狼烟四起，无数学生投笔从戎。

76. 鹿亦有知

博山①李氏者，以伐薪为生。一日，于山坳得一鹿仔，携家喂养。鹿稍长，甚驯，见人则呦呦鸣。其家户外皆山，鹿出，至暮必归。时值秋祭，例用鹿。官府督猎者急，限期送上，然旬日间无所获，乃向李氏求之。李氏不与。猎者固请。李氏迟疑曰："待吾虑之。"是夜鹿去，遂不归。李氏深悔之。

【注释】

① 博山：今山东淄博市博山区。

【阐发】

1. 人要杀鹿，祭神灵。猎人射不到鹿，因此向李氏借用。这只鹿似乎有灵性，知道自己要被宰，因此连夜逃走。

2. 释"值"。上文"时值秋祭"中的"值"，指"遇到"。意为当时遇到秋天按例要祭祀神灵。又，"方出门，值雨，则返家"，意为刚要出门，遇到下雨，只得回家。"路值故友"，意为在路上遇到老朋友。

【练习】

1. 解释加点的词

　　① 稍＿＿＿＿＿＿＿＿

　　② 驯＿＿＿＿＿＿＿＿

　　③ 旬＿＿＿＿＿＿＿＿

　　④ 与＿＿＿＿＿＿＿＿

⑤ 固＿＿＿＿＿＿＿

2. 翻译

① 以伐薪为生＿＿＿＿＿＿＿＿＿＿＿＿＿＿＿＿＿＿＿＿＿＿＿＿＿

② 例用鹿＿＿＿＿＿＿＿＿＿＿＿＿＿＿＿＿＿＿＿＿＿＿＿＿＿＿＿＿＿

【动物成语】

鹿死谁手

比喻双方激战，尚不知谁胜谁负。

［例］两军激战数日，一时不知鹿死谁手。

77. 鹬 蚌 相 争

蚌方出曝（pù），而鹬（yù）^①啄其肉。蚌合而钳（qián）其喙（huì）。鹬曰："今日不雨，明日不雨，即有死蚌。"蚌亦谓鹬曰："今日不出，明日不出，即有死鹬。"两者不肯相舍，<u>渔者得而并擒之</u>。

【注释】

① 鹬：一种水鸟。

【阐发】

1. "鹬蚌相争，渔翁得利"是个成语，单说"鹬蚌相争"也可以，它比喻双方争斗，结果两败俱伤，第三者获得了好处。

2. 释"不雨"的语法现象。现代汉语中是不能说"不雨"或"不雪""不草"的，因为副词不可以直接修饰名词。但文言中有时副词可直接修饰名词，如"不雨"，那么这个"雨"就要活用为动词。"不雨"即不下雨。"不草"即不生长草。

【练习】

1. 解释加点的词

　　① 曝＿＿＿＿＿＿＿＿

　　② 即＿＿＿＿＿＿＿＿

　　③ 出＿＿＿＿＿＿＿＿

　　④ 舍＿＿＿＿＿＿＿＿

2. 翻译

渔者得而并擒之＿＿＿＿＿＿＿＿＿＿＿＿＿＿＿＿＿＿＿

【动物成语】

水尽鹅飞

水干涸了,鹅也飞走。比喻恩情断绝,各奔东西。

[例] 夫妻俩结婚才二年,经常争吵,水尽鹅飞,不久就离婚了。

78. 犬 救 杨 生

　　杨生养一犬,甚怜。一日,生夜行,堕于涸井中。**狗吠彻夜**。旦日,有行人过,犬对井号①,**怪之**。往视,见井中有人。生曰:"君若出我,当厚报。"行人曰:"以此犬见与,便当出尔。"生曰:"此犬曾数次活我,不得见与,其余一切均可。"行人曰:"若不与我,**辄不出尔**。"其时,犬引颈下视井中,生知其意,遂应之。杨生出,行人系犬而去,犬时时顾。后五天,犬夜走归杨生家。

【注释】

　　① 号:拖长声音大声叫唤。

【阐发】

　　1. 释"见"。文言中的"见"有一个很特殊的用法,作助词用,表示被动或对我如何。上文"以此犬见与",意为把这条狗送给我。"不得见与",意为不能给你。

　　2. 释"走"。"走"的意思古今大不相同。文言中的"走"指"奔""跑",而不是"慢慢地行"。上文"犬夜走归",意为那条狗在夜里奔回家。成语"走马观花",即"跑马看花",形容观察得不仔细。

【练习】

　　1. 解释加点的词

　　　　① 怜＿＿＿＿＿＿

　　　　② 涸＿＿＿＿＿＿

③ 若_____

④ 厚_____

⑤ 引_____

⑥ 系_____

⑦ 顾_____

2. 翻译

① 狗吠彻夜_____

② 怪之_____

③ 辄不出尔_____

【动物成语】

犬牙相制

制：牵制。比喻地界接连，如犬牙交错，可以互相牵制。

［例］敌我双方仅距离一千米，双方犬牙相制，都不敢贸然行动。

79. 杀驼破瓮

　　昔有一人,于瓮(wèng)①中盛谷。骆驼入瓮食谷,首不得出。主人以为忧,无计可施。有一老人来语之,曰:"汝莫忧,吾有以教汝出。"主人亟问:"法何?"老人曰:"汝当斩驼头,自当出之。"主人以为妙,即依其语,以刀斩驼头。既杀驼,而复破瓮,如此痴人,为世人所笑。

【注释】

　　① 瓮:髻,一种盛物的陶器,口小腹大。

【阐发】

　　1. 这则故事,近乎寓言,世上哪有这般蠢事。老人以为自己聪明,结果害了别人。据传某村夫有病,以为鬼在闹事。邻居请来巫婆捉鬼,结果延误了医治的时间,小病成了大病,送医院治疗,好几个月才痊愈,劳民伤财。

　　2. 释"既"。上文"既杀驼"中的"既",解释为"已经"。"既杀驼",意为已经杀了骆驼。又,"天既明,即起身耕作",意为天已亮,便起身耕田劳作。

【练习】

　　1. 解释加点的词

　　　　① 首＿＿＿＿＿＿

　　　　② 施＿＿＿＿＿＿

　　　　③ 亟＿＿＿＿＿＿

④ 妙_____

2. 翻译

① 汝莫忧,吾有以教汝出_____

② 为世人所笑_____

【动物成语】

狗血喷头

旧时迷信说法,认为把狗血喷在妖怪身上,妖怪就失灵。形容骂人骂得极凶。

〔例〕有人借钱长久不还且抵赖,被我骂得狗血喷头。

80. 二 犬 情 深

咸溪①县童镛家，畜二犬，一白一花，共出一母。性狡狯（kuài），解人意。日则嬉戏，夜则守门。后白者倏（shū）目盲，不能进牢自食。主人以草藉檐外卧之。花者衔饭吐而饲之。夜则卧其侧，几二年馀。及白者死，埋之山麓。<u>花犬乃朝夕往</u>，至葬处则默哀，若拜泣状，良久乃反。

【注释】

① 咸溪：古地名。

【阐发】

1. 这两条狗，是同胞兄弟。后来白狗目盲，花狗衔饭给它吃，有情有义。

2. 释"状"。"状"指"……的样子""情况"等。上文"若拜泣状"，意为好像边拜边哭的样子。又，"室中无人，若方去状"，意为房间里没人，好像刚离开的样子。

3. 灵活地解释词语。上文"不能进牢自食"的"牢"，显然不能理解为"监牢"。"牢"的上部像房屋，下部是"牛"，本义为圈养牲畜的地方。那么上文"不能进牢自食"中的"牢"，联系上下文，便知是指犬睡觉的地方，故可理解为"笼子"。这就是灵活地理解词语的方法。

【练习】

1. 解释加点的词

① 狯＿＿＿＿＿＿＿＿

② 倏_____

③ 藉_____

④ 饲_____

⑤ 几_____

⑥ 麓_____

⑦ 良_____

⑧ 反_____

2. 翻译

花犬乃朝夕往_____

【动物成语】

丧家之狗

无家可归的狗。比喻无处投奔,失去了依靠的人。

［例］他到处流浪,无依无靠,如丧家之狗。

160

81. 鹦鹉亦有情

宋高宗时,陇山①县有人进能言之鹦鹉于宫中。高宗养之,爱甚。一日,高宗问曰:"尔思乡不?"曰:"岂不思乡? 然思之何益!"帝怜之,即遣侍者送还陇山。数年后,宫中有人过其地。鹦鹉问曰:"皇上安不?"答曰:"崩②矣。"鹦鹉悲鸣不已。

【注释】

① 陇山:古地名。　② 崩:古代皇帝死了叫"崩"。

【阐发】

1. 这只鹦鹉有情有义,因为高宗皇帝把它送还陇山,好像出了牢笼,所以还记得皇上的恩情。

2. 释"不"。文言的"不",有时同"否"。上文"尔思乡不",即"尔思乡否",意为你想不想家乡?"皇上安不",即"皇上安否",意为皇帝身体好不好? 又,"不者,吾死矣",意为要不是这样的话,我就死了。

【练习】

1. 解释加点的词

　　① 怜_____

　　② 遣_____

　　③ 已_____

2. 翻译

　　然思之何益_____

【动物成语】

鹦鹉学舌

鹦鹉学人讲话。比喻人家怎么说，他也跟着怎么说。

［例］这件事众说纷纭，他亦是鹦鹉学舌，人云亦云。

82. 人有卖骏马者

人有卖骏马者，比三旦立市，人莫之知。往见伯乐，曰："臣有骏马，欲售之，比三旦立于市，人莫与言。愿子还①而视之，去而顾之，臣请献一朝之贾（jià）②。"伯乐乃还而视之，去而顾之，一旦而马价十倍。

【注释】
  ① 还：同"环"。　　② 一朝之贾：一天的价值。贾，同"价"。

【阐发】
　　1. 传说伯乐善于相马。马的优劣他一看便知。某公司招聘职工，有经验的公司经理是个伯乐，交谈不多时，应聘者就被录用了。
　　2. 释"顾"。上文"去而顾之"，意为临走又回头看看那马。又，"顾河中有鱼无数，网之"，意为看到河里有很多鱼，便用网捕捉它们。

【练习】
　　1. 解释加点的词
　　　　① 比＿＿＿＿＿＿＿
　　　　② 售＿＿＿＿＿＿＿
　　　　③ 旦＿＿＿＿＿＿＿
　　2. 翻译
　　　　① 人莫之知＿＿＿＿＿＿＿＿＿＿＿＿＿＿＿＿＿＿＿
　　　　② 一旦而马价十倍＿＿＿＿＿＿＿＿＿＿＿＿＿＿＿＿

【动物成语】

马到功成

骑着战马一到战场，就取得胜利。比喻一开始就获得成功。

［例］他是修电器的高手，请他去修，马到功成。

83. 与狐谋皮

周①人有爱裘而好珍馐(xiū)②，欲为千金之裘而与狐谋其皮；欲具少牢③之珍而与羊谋其馐。言未卒，狐相率逃于重丘之下，羊相呼藏于深林之中。故周人十年不制一裘，五年不具一牢。何者？周人之谋失之矣！

【注释】

① 周：周地，相当于今河南洛阳市及巩县一带。　② 珍馐：珍贵的食品。　③ 具少牢：具，备办。古代祭祀用的动物叫"牢"。牛、羊、猪全备叫"太牢"；只用猪、羊的叫"少牢"；"一牢"指一只羊。

【阐发】

1. 这个周人太幼稚了，怎能跟狐狸商量，要它的皮，用来制皮衣。如同借钱于富有的吝啬鬼，也不可能。

2. 释"谋"。上文"与狐谋其皮"中的"谋"，指"商量"。又，"夫妻同谋，欲养鱼"，意为夫妻共同商量，想要养鱼。又，"彼与父母谋，往何处求学"，意为他跟父母商量，到什么地方去求学。

【练习】

1. 解释加点的词

① 裘＿＿＿＿＿＿＿＿

② 具＿＿＿＿＿＿＿＿

③ 馐＿＿＿＿＿＿＿＿

④ 故＿＿＿＿＿＿＿＿

⑤ 制_____

2. 翻译

① 狐相率逃于重丘之下_____

② 周人之谋失之矣_____

【动物成语】

与虎谋皮

本作"与狐谋皮"。与狐狸商量要剥它的皮。比喻所谋之事有害于对方的切身利益,终难达到目的。

［例］他是吝啬鬼,要向他借点钱,如同与虎谋皮,还是不要开口为好。

84. 毕再遇之战马

　　毕再遇，兖(yǎn)州①将家也。开禧②中，用兵累有功，金人认其旗帜即却。有战马，号"黑大虫"，骏猛异常，唯主翁能御之。再遇死，其家以铁索羁之圉(yǔ)③中。适值岳祠④迎神，闻金鼓声，意谓赴敌。马嘶，奋力断索而出。其家虑伤人，命健卒⑤十人挽之而归，因好言戒之云："将军已死，汝莫生事累我家！"马耸耳以听，汪然出涕，长鸣数声而毙。

【注释】

　　① 兖州：今山东济宁市兖州区。　　② 开禧：宋宁宗年号。　　③ 圉：此指马厩。　　④ 岳祠：岳飞庙。　　⑤ 卒：此指差役。

【阐发】

　　1. 这匹战马，既勇敢，又对主人忠心耿耿，谁都爱它。

　　2. 释"累"。上文有两个"累"，它们的读音与含义不同。"用兵累有功"中的"累"，读 lěi，指"屡次""接连"，句意为带兵作战接连有功。又，"其商累失"，意为他经商接连失败。上文"汝莫生事累我家"中的"累"，读 lèi，指"连累""带累"，句意为你不要生事连累我家。又，"其火累及邻家"，意为那大火连累到邻居人家。

【练习】

　　1. 解释加点的词

　　　　① 却 _____

　　　　② 索 _____

③ 适_____

④ 值_____

⑤ 金_____

⑥ 嘶_____

⑦ 挽_____

⑧ 耸_____

⑨ 毙_____

2. 翻译

唯主翁能御之_____

【动物成语】

犬马之劳

比喻像狗和马般出力。形容为人出力效劳。

［例］你是我的好朋友,我当效犬马之劳,出点力气相帮。

85. 放驴破案

　　唐之张鷟(zhuó)为河阳^①尉。有客驴，缰断，并鞍失之。三日访不获，诣县告。鷟推穷^②甚急，乃夜放驴出而藏其鞍。鷟曰："此可知也。"遂令不秣饲驴，去辔(pèi)放之。驴寻向昨夜喂处，乃索其家，于草积下得之。人服其智。

【注释】

　　① 河阳：古县名，在今河南孟县西。　　② 推穷：彻底追查。

【阐发】

　　1. 张鷟破案用的是巧办法。他放走驴，让它去寻找喂饲它的人，结果案子迅速破了。

　　2. 释"诣"。上文"诣县告"中的"诣"，指"到"，句意为失驴的人到官府报告。又，《桃花源记》："及郡下，诣太守，说如此。"其中"诣"本指"到"，此处灵活解释为"拜见"。又，"自县诣京"，意为从县里到京城；"诣友人家宴焉"，意为到朋友家参加宴会。

【练习】

　　1. 解释加点的词

　　　　① 并＿＿＿＿＿＿＿

　　　　② 辔＿＿＿＿＿＿＿

　　　　③ 索＿＿＿＿＿＿＿

　　2. 翻译

　　　　遂令不秣饲驴＿＿＿＿＿＿＿＿＿＿＿＿＿＿＿＿＿＿＿＿

【动物成语】

驴生戟(jǐ)角

驴子本没有角，今生出了角。比喻不可能的事。

［例］某人说，他在路上拾得一颗珠子，大如盘盏，人们都认为是驴生戟角，一派胡言乱语。

86. 蜘 蛛 与 蛇

蛇欲吞蛛，不及。久之，蛇且行矣，蜘蛛忽县①丝而下，垂身半空，若将逐蛇者。蛇怒，复昂首欲吞之，蜘蛛引丝上。久之，蛇又将行矣，而蜘蛛复县丝疾下；蛇复昂首待之，蜘蛛乃还守其网。如是者三四。蛇意稍倦，以首俯地。蜘蛛伺其不备，奋身飙下，踞蛇之首，抵死不动；蛇狂跳颠掷，以至于死，蜘蛛乃吮其脑，果腹而去。

【注释】

①县：同"悬"。

【阐发】

1. 小小的蜘蛛，竟能杀死蛇，靠的是智慧。

2. 释"疾"。上文"疾下"中的"疾"，指"迅速"。又，"若疾行，半日可至"，意为如果快走，半天可以到达。又，"家失火，夫妇疾归而灭"，意为家中失火，夫妇迅速回去灭了火。

【练习】

1. 解释加点的词

① 及＿＿＿＿＿＿

② 且＿＿＿＿＿＿

③ 垂＿＿＿＿＿＿

④ 引＿＿＿＿＿＿

⑤ 稍＿＿＿＿＿＿＿

⑥ 俯＿＿＿＿＿＿＿

⑦ 伺＿＿＿＿＿＿＿

⑧ 踣＿＿＿＿＿＿＿

⑨ 吮＿＿＿＿＿＿＿

2. 翻译

① 若将逐蛇者＿＿＿＿＿＿＿＿＿＿＿＿＿＿＿＿＿＿＿＿＿＿＿＿

② 如是者三四＿＿＿＿＿＿＿＿＿＿＿＿＿＿＿＿＿＿＿＿＿＿＿＿

【动物成语】

杯弓蛇影

看见酒杯中所映现的角弓影子，而误以为酒里有蛇。比喻因疑虑恐惧，而自相惊扰。

［例］这是野狗，又不是狼，别杯弓蛇影似的，自己吓自己。

87. 毒 蛇 为 害

有妇人养蛇以百数。其肉可食,其胆可治病。一日,为蛇所伤,其蛇剧毒,近地无人可治,遂至百里外觅兽医。其夫遂骑驴而疾驰。不得,又至他地觅之。兽医曰:"尔何为为蛇所伤?"曰:"吾乃养之人也。"医曰:"此伤唯草药可治。"然而此草药在深山中,路遥。夫骑驴觅之,薄暮①方归。治之果有效,不日即愈。

【注释】

① 薄暮:傍晚。

【阐发】

1. 养蛇被蛇咬,这是明知之而为之的,犹如养狗人被狗咬。不少动物咬人是它们的本性。

2. 释"唯"。上文"此伤唯草药可治"中的"唯",解释为"只""只有",句意为这伤只有草药可治。又,"此山唯一路可通",意为这山只有一条路可通。又,"唯学,方能成才",意为只有求学,才能成才。

【练习】

1. 解释加点的词

①剧_____

②觅_____

③疾_____

④遥_____

⑤ 方_____

2. 翻译

① 养蛇以百数_____

② 不日即愈_____

【动物成语】

非驴非马

比喻不伦不类的东西。

[例] 你画的龙,非驴非马,拿出去别人要嘲笑的。

88. 良 医

予之友,以医为业,颇有名,五十里之内,若人有病,咸延之治。吾与彼但相去二十里,时有往来。一日,妇腹痛欲绝。夫于马曰:"尔能为吾延友治之。"马颔之。遂于马颈系一简,速往友人处。其时友人适入肆饮酒,归而知之。遂速之予家,见几①上有鱼,腐之。方知乃食腐鱼而得疾。遂于腹处灸之。未久,病愈。妇曰:"何以酬之?"医曰:"吾与尔夫为友,何言酬也。"

【注释】

① 几:此指桌子。

【阐发】

1. 因为吃了腐败的鱼才肚痛。凡腐败的食物,要毫不可惜地扔掉,否则会因小失大。

2. 释"肆"。上文"入肆饮酒"中的"肆",指店铺。又,"是肆虽小,日用品皆有",意为这店虽然小,但日用品都有。又,"近地无肆",意为附近没有店铺。

【练习】

1. 解释加点的词

① 颇_____

② 但_____

③ 去_____

④ 绝_____

⑤ 延_____

⑥ 之_____

⑦ 方_____

⑧ 灸_____

2. 翻译

① 咸延之治_____

② 何以酬之_____

【动物成语】

汗马功劳

汗马：使马累得出汗。借指战功。也泛指工作中创出业绩。

［例］我能开这家超市，妻子有汗马功劳。

89. 寒 号 虫

　　五台山^①有鸟,名曰寒号虫,四足,肉翅,不能飞。其粪即"五灵脂"^②。当盛暑时,<u>毛羽文采绚烂</u>,乃自鸣曰:"凤凰不如我!"比至深冬严寒,毛羽脱落,若雏,遂自鸣曰:"<u>得过且过</u>。"

【注释】

　　① 五台山:山名,在山西东北部。　　② 五灵脂:一种中草药名称。

【阐发】

　　1. 要是人也像寒号虫一样,得过且过,那就没出息了。

　　2. 释"比至"。"比"指"等到","至"指"到了",这两个词经常连在一起用,解释为"等到到了"。上文"比至深冬严寒",意为等到了冬末极寒冷的时候。又,"比至家,客已去",意为等到了家中,朋友已走了;"比至河,舟已行矣",意为等到了河边,船已起航了。

【练习】

　　1. 解释加点的词

　　　　① 盛＿＿＿＿＿＿＿＿

　　　　② 雏＿＿＿＿＿＿＿＿

　　　　③ 遂＿＿＿＿＿＿＿＿

　　2. 翻译

　　　　① 毛羽文采绚烂＿＿＿＿＿＿＿＿＿＿＿＿＿＿＿＿＿

② 得过且过_____

鸡啼鸟鸣

鸡在啼，鸟儿在鸣叫。形容环境极好。

［例］此处鸡啼鸟鸣，环境极好，他打算退休后长期住在这里。

90. 野　　兔

　　猎者以弓箭,逮鱼以网,砍柴用斤①,各有术。或有嗜野兔者,其味美。日日至山,欲觅兔穴。欲徒手逮之。一日见之,视兔出而逮之。然兔狡,出入有三窟。久之,农田废。妇曰:"不耕,何以活人?"猎者不应。妇即弃纺织而之田耕作。是年丰,得谷无数,食而有馀。其馀者入市售之,得钱后市野兔。猎者悟,遂弃逮兔而耕。

【注释】

　　① 斤:斧头。

【阐发】

　　1. 那人痴心妄想,要徒手逮野兔。野兔是十分狡猾的动物,空手岂能获得?

　　2. 释"穴"。上文"欲觅兔穴"中的"穴",指"洞"。又,"或见一穴,似有蛇",意为有人看见一个洞,好像里面有蛇。又,"鼠于墙穴,入室窃谷食",老鼠在墙上打了个洞,进入室内偷吃谷子。

【练习】

　　1. 解释加点的词

　　　　① 术＿＿＿＿＿＿＿

　　　　② 或＿＿＿＿＿＿＿

　　　　③ 觅＿＿＿＿＿＿＿

　　　　④ 徒＿＿＿＿＿＿＿

⑤ 窟＿＿＿＿＿＿＿＿

⑥ 废＿＿＿＿＿＿＿＿

⑦ 应＿＿＿＿＿＿＿＿

⑧ 之＿＿＿＿＿＿＿＿

⑨ 是＿＿＿＿＿＿＿＿

⑩ 售＿＿＿＿＿＿＿＿

⑪ 市＿＿＿＿＿＿＿＿

⑫ 悟＿＿＿＿＿＿＿＿

2. 翻译

不耕,何以活人＿＿＿＿＿＿＿＿＿＿＿＿＿＿＿＿＿＿＿＿

【动物成语】

狡兔三窟

狡猾的兔子有三个洞穴,便于逃跑。比喻多准备一些藏身之处或退路,以便逃避祸害。

[例] 日寇占据好几个要地,狡兔三窟,便于进退。

91. 鸡 感 恩

　　有旅人夜行遇雨,遂赴友人家投宿。友人见不速之客,甚喜,遂将杀鸡款待。旅人怜鸡,佯言茹(rú)素。遂不杀鸡。夜宿,至三更①,忽闻鸡鸣声急,以为黄鼠狼来也,遽起逐之。俄而墙倒,适压客房。主人惊而起,以为客毙矣,举烛而索,客乃在鸡笼旁。盖鸡感恩,促其起床也。

【注释】

　　① 三更:指半夜。

【阐发】

　　1. 速。"速"一般都解释为"迅速",但它在文言中有一个很特殊的用法,要理解为"邀请"。上文"不速之客"的意思是没被邀请而自己上门的客人。

　　2. 盖。文言中的"盖"常用在句子的开头,作发语词。它多数情况下不需解释,无义,有时则需根据上下文解释为"大概""恐怕""原来是"等。上文"盖鸡感恩"中的"盖",可解释为"大概"。

【练习】

　　1. 解释加点的词

　　　　① 赴＿＿＿＿＿＿＿＿

　　　　② 逐＿＿＿＿＿＿＿＿

　　　　③ 毙＿＿＿＿＿＿＿＿

　　　　④ 促＿＿＿＿＿＿＿＿

2. 翻译

① 佯言茹素＿＿＿＿＿＿＿＿＿＿＿＿＿＿＿＿＿＿＿＿＿＿＿＿

② 举烛而索＿＿＿＿＿＿＿＿＿＿＿＿＿＿＿＿＿＿＿＿＿＿＿＿

【动物成语】

鸡不及凤

鸡比不上凤凰。比喻儿子不及父亲。

［例］赵括纸上谈兵,鸡不及凤,虽熟读兵法,但术未精。

92. 马啮盗髻

董熙载应友人延，至其家豪饮。自午及薄暮，已酩酊矣。友人留其宿，熙载曰："毋庸①，吾尚可乘马反家。"时月黑风急，未几，醉而堕马，僵仆道边，马缰持于手。忽有盗过，自喜曰："天赞我也！"遂尽解其衣，又欲盗其马。方俯身执缰，马遽啮其髻(jì)，竭力挣扎而不得去。待熙载醉醒，尽复取所失物，马始纵盗。

【注释】

① 毋庸：不需要。

【阐发】

1. 这匹马真聪明。咬住小偷的发髻，使他不能偷了马逃走。

2. 释"赞"。"赞"指"称赞""赞扬"，这是大家都知道的，但在文言中它还指"助""帮助"，这一点要特别注意。上文"天赞我也"，意为老天爷帮助我啊。现代汉语有"赞助"，那是两个同义字结合成的复音词。

【练习】

1. 解释加点的词

　　① 延＿＿＿＿＿＿

　　② 及＿＿＿＿＿＿

　　③ 反＿＿＿＿＿＿

　　④ 仆＿＿＿＿＿＿

⑤ 竭_____

⑥ 纵_____

2. 翻译

方俯身执缰，马遽啮其髻_____

【动物成语】

马角乌白

马生出角来，乌鸦头变白。比喻不可能的事。

［例］某人说夜里赶路，拾到一颗夜明珠，这完全是马角乌白，谁也不相信。

93. 张元饲弃狗

　　有犬为人所弃,惶惶①于阡陌间。张元见之,即收而养之。其叔父怒曰:"何用此为?"将欲逐之。元乞毋(wú)②弃,曰:"有生之物,莫不重其性命。若天生天杀,乃自然之理。今犬为人所弃,非道③也。若见而不收养,无仁心也。"叔父感其言,遂许焉。

　　明年,犬随叔父夜行。叔父为蛇所啮,仆地不得行。犬亟奔至家,汪汪之声不停。张元怪之,随犬出门,见叔父已不省人事。速延医治之,不日而愈。自此,叔父视犬如亲。

【注释】

　　① 惶惶:恐惧不安的样子。　　② 毋:不要。　　③ 道:道德。

【阐发】

　　1. 叔父救了狗,狗也救了叔父,彼此成了亲人。

　　2. 释"为"。"为"如果放在句末,多作疑问语气词,相当于"呢"。上文"何用此为",意为要它干什么呢? 又,"何惧为",意为有什么可害怕呢? 请注意,末句的"为"不能作"为什么"的"为"理解。

【练习】

　　1. 解释加点的词

　　　　① 阡陌＿＿＿＿＿＿

　　　　② 逐＿＿＿＿＿＿

③ 乞＿＿＿＿＿＿＿＿

④ 毋＿＿＿＿＿＿＿＿

⑤ 仆＿＿＿＿＿＿＿＿

⑥ 呕＿＿＿＿＿＿＿＿

⑦ 怪＿＿＿＿＿＿＿＿

⑧ 省＿＿＿＿＿＿＿＿

2. 翻译

① 何用此为＿＿＿＿＿＿＿＿＿＿＿＿＿＿＿＿＿＿＿＿＿＿

② 有生之物，莫不重其性命＿＿＿＿＿＿＿＿＿＿＿＿＿＿

③ 叔父感其言，遂许焉＿＿＿＿＿＿＿＿＿＿＿＿＿＿＿＿＿

【动物成语】

丧家之犬

丧：失去。失去了主人的狗。比喻失去靠山，无处投奔的人。

［例］他到处流浪，如丧家之犬，十分可怜。

94. 楚人献"凤凰"

楚人有担山雉(zhì)①者。路人问曰："何鸟也?"担雉者诳之曰："凤凰也。"路人曰："我闻有凤凰,今值见之。<u>汝售之乎</u>?"曰："然。"请买十金②,弗与;请加倍,乃与之。

将欲献楚王,经宿(xiǔ)③而鸟死。路人不惜其金,唯恨不得以献楚王。楚王闻之,感其欲献于己,<u>乃召而厚赐之</u>,过于买鸟之金十倍。

【注释】

① 雉:野鸡。　② 金:古代货币单位。　③ 经宿:过了一夜。

【阐发】

1. 路人把野鸡当作凤凰,虽然一片好心,但是搞错了。楚王被他的诚心所感动,还是重赏了他。有人在香港买了一串珠子项链,送给友人,但那是伪劣品,友人知道后,不仅不埋怨对方,仍感激他的好意。

2. 释"恨"。"恨"指"怨恨",古今含意相同。但上文"唯恨不得以献楚王"中的"恨",解释为"遗憾"。又,"稍长,恨无书可读",意为渐渐长大,感到没书可读是遗憾。又,"母卒而未能面见,终身恨",意为母亲临死时未能见上一面,终身感到遗憾。

【练习】

1. 解释加点的词

① 诳＿＿＿＿＿＿＿

② 值＿＿＿＿＿＿＿

③ 然_____

④ 与_____

⑤ 过_____

2. 翻译

① 汝售之乎_____

② 乃召而厚赐之_____

【动物成语】

凤去台空

台：楼台。比喻人去楼空。

［例］从前这儿是热闹的茶楼，后来主人死了，凤去台空。

95. 雁　奴

雁宿于江湖之岸，常千百，大者^①居中，令雁奴围而警。

南人有捕者，俟天色阴暗，或无月时，于瓦罐中藏烛，持棒者数人，屏气潜行。将欲及之，则略举烛，便藏之。雁奴惊叫，大者亦惊。顷之，乃定。捕者又举烛，雁奴又惊，如是者三四。大者怒，啄雁奴。

秉烛者徐徐逼之，更举烛，雁奴惧啄，不复叫矣。博者乃高举烛，持棒者齐入雁群击杀之，所获甚多。

【注释】

① 大者：领头的。

【阐发】

1. 捕雁的人办法巧妙，使得雁奴不敢出声，以致千百只雁被一网打尽。雁的头领上了当，捕雁人也聪明。

2. 释"令"。上文"令雁奴围而警"中的"令"，意为"使""让"等。又，"帝令大将军西征"，意为皇帝使大将军西征，也可理解为皇帝命令大将军西征。又，"睹家有毒蛇，令人不寒而栗"，意为家里游来了一条毒蛇，使人不寒而栗。

【练习】

1. 解释加点的词

　　① 俟＿＿＿＿＿＿＿

　　② 及＿＿＿＿＿＿＿

189

③ 略＿＿＿＿＿＿＿＿＿

④ 乃＿＿＿＿＿＿＿＿＿

⑤ 定＿＿＿＿＿＿＿＿＿

⑥ 秉＿＿＿＿＿＿＿＿＿

⑦ 逼＿＿＿＿＿＿＿＿＿

⑧ 更＿＿＿＿＿＿＿＿＿

⑨ 惧＿＿＿＿＿＿＿＿＿

⑩ 持＿＿＿＿＿＿＿＿＿

2. 翻译

屏气潜行＿＿＿＿＿＿＿＿＿＿＿＿＿＿＿＿＿＿＿＿＿＿＿

【动物成语】

雁行有序

雁飞行时很有秩序。比喻人很有次序地行走。

［例］队伍雁行有序，不扰民，百姓生活安定。

96. 螳 螂 杀 蛇

张姓者,偶行溪谷,闻崖上有声甚厉①。寻途登崭 (chān)②,见巨蛇围③如碗,摆扑④丛树中,以尾击树,树枝崩折。反侧⑤倾跌之状,似有物制之。然审视无所见,大疑。渐近临之,则一螳螂据其顶上,以刺刀⑥攫其首,掷不可去。久之,蛇竟死。视额上革肉,已破裂云⑦。

【注释】

①厉:凄惨。　②崭:看。　③围:身围。　④摆扑:摇摆甩动。
⑤反侧:身子翻来覆去。　⑥刺刀:指螳螂的前足。　⑦云:句末语助词,无义。

【阐发】

1. 这螳螂真厉害,谁也不会想到它竟能杀蛇。天下事无奇不有。

2. 释"折"。"折"是个多义词。上文"树枝崩折"中的"折",指"断",句意为树枝裂开折断。又,"折箭而誓",意为把折断箭作为发誓的凭证。它又指"弯""曲"。如"大河九折入海",意为黄河经过无数曲折流入大海。所谓"折腰",即弯腰行礼。它还指"挫折",如成语"百折不挠"。

【练习】

1. 解释加点的词

　　① 崖＿＿＿＿＿＿＿

　　② 制＿＿＿＿＿＿＿

191

③ 据＿＿＿＿＿＿＿

④ 攫＿＿＿＿＿＿＿

⑤ 竟＿＿＿＿＿＿＿

⑥ 革＿＿＿＿＿＿＿

2. 翻译

然审视无所见＿＿＿＿＿＿＿＿＿＿＿＿＿＿＿＿＿＿＿＿＿＿＿＿＿＿＿＿＿

【动物成语】

螳臂当车

螳臂：螳螂的前腿。当车，比喻不自量力。

〔例〕敌军仅三十人，企图阻挡我两万大军，犹如螳臂当车，最后被全部歼灭。

97. 狐假虎威

虎求百兽而食之,得狐。狐曰:"子无敢食我! 天帝使我长(zhǎng)百兽①。今子食我,是逆天帝之命也。子以我为不信,吾为子先行,子随我后,观百兽之见我而敢不走乎?"虎以为然,故遂与之行。兽见之皆走。虎不知兽畏己而走也,以为畏狐也。

【注释】

① 长百兽:做百兽的头领。

【阐发】

1. 人们常说狐狸狡猾,刁钻的人俗称"老狐狸",果然不错。它在老虎面前,竟说是天帝让它做百兽的头领,老虎信以为真,放走了狐狸,还让它在百兽前面逞了一次威风。

2. 释"畏"。它指"害怕"。上文有两个"畏":"畏己"与"畏狐",均指"害怕"。"人皆畏虎,唯猎者敢入山觅虎",意为人们都害怕老虎,只有猎人敢入山寻找老虎。又,"此人气壮如牛,无所畏",意为这人气力壮如牛,无所畏惧。

【练习】

1. 解释加点的词

① 子_____

② 逆_____

③ 信_____

④ 走_____

2. 翻译

虎以为然_____

【动物成语】

狐假虎威

假：借。威：威风。比喻借着别人的威风、权势欺压人。

［例］他的继父是省长，因此他狐假虎威，在地方上横行不法。

98. 山鸡舞镜

山鸡①怜其毛羽，映水则舞。魏武帝②时，南方献之。帝欲其鸣舞而无由。其子仓舒③令置大镜④于其前，鸡鉴形而舞，不知止而死。

【注释】

① 山鸡：俗称"野鸡"。　　② 魏武帝：指曹操。　　③ 仓舒：曹操之子曹冲，字仓舒。　　④ 镜：此指铜镜。

【阐发】

1. 正如贪杯的人，见有酒就喝，直到酩酊大醉。有人因过度饮酒，得病而死。这难道不像山鸡对镜不停地跳舞而死吗？

2. 释"置"。上文"令置大镜于其前"中的"置"，指"安放"。又，"其花极香，吾置于几上"，意为那花极香，我把它安放在桌子上。又，"书置于床侧"，意为书安放在床的旁边。

【练习】

1. 解释加点的词

　　① 怜_____

　　② 由_____

　　③ 令_____

2. 翻译

　　鸡鉴形而舞_____

【动物成语】

鸡伏鹄卵

伏：鸟孵卵。鹄：天鹅。鸡孵天鹅的蛋。比喻小才难当重任。

［例］他才初出茅庐，就要驾驶战斗机，犹如鸡伏鹄卵，为时过早。

99. 八哥与蝉对话

鸲鹆(qú yù)①之鸟,出于南方,南人罗而调其舌,久之,能效人言,但能效数声而止;终日所言,唯数句而已。

蝉鸣于树,鸟闻而笑之。蝉谓之曰:"子能人言,甚善。然子之所言,犹若未言也,曷若我自鸣其意也!"鸟俯首而惭!终身不复效人言。

【注释】

① 鸲鹆:俗称"八哥"。

【阐发】

1. 鸟讥笑蝉,然而八哥也只会学说几句话。人都有弱点,所以不要贸然嘲笑别人,因为自己也可能有不少弱点。

2. 释"人言"的语法现象。"人言"按一般的情况,可理解为"人说话",或"有人说",但在上文"子能人言"中却应理解为"像人一样说话"。"人"是用来修饰"言"的,这在文言中叫名词活用为状语。又,"狼人立而嚎",意为狼像人一样站着嚎叫;"一狼犬坐于前",意为一只狼像狗一样坐在前面。其中"人""犬"均为名词作状语用。

【练习】

1. 解释加点的词

    ① 罗＿＿＿＿＿＿＿

    ② 调＿＿＿＿＿＿＿

    ③ 效＿＿＿＿＿＿＿

④ 唯_____

⑤ 俯_____

⑥ 复_____

2. 翻译

曷若我自鸣其意也_____

【动物成语】

伏虎降龙

形容力量强大,能战胜一切。

〔例〕我军有伏虎降龙的能力,几个敌军算得了什么,一击即溃。

100. 守株待兔

　　宋人有耕田者,田中有株①,兔走触株,折颈而死。因释其耒(lěi)②而守株,冀复得兔。兔不可复得,而身为宋国笑。

【注释】

　　① 株:树的根部。　　② 耒:古代的一种农具。

【阐发】

　　1. 释"颈"与页部的字。"颈"指头颈,它是个形声字,左边"至"为声,右边"页"属部首。"页"本指人的脸,是个象形字。凡属页部的字大都与人的脸部、颈部有关。如:颜——脸上的神色,额——人的额头,颡——人的额头,颊——人的脸颊,颐——人的下巴,颔——人的下巴,等等。

　　2. 释"走"。它古今含义不同。今人说"走"是指"慢行",而古时说的"走",是指"快奔"。又,"盗遽走,众人追之不及",意为小偷立刻逃跑,众人追赶不上。又,"大军走南山,敌遁",意为大军从南山急奔,敌人逃跑了。

【练习】

　　1. 解释加点的词

　　　　① 触＿＿＿＿＿＿＿

　　　　② 释＿＿＿＿＿＿＿

　　　　③ 冀＿＿＿＿＿＿＿

　　2. 翻译

　　　　身为宋国笑＿＿＿＿＿＿＿＿＿＿＿＿＿＿＿＿＿＿＿＿＿

【动物成语】

兔死狐悲

兔子死了,狐狸感到悲伤。比喻因同类的死亡或失败而感到悲伤。

［例］敌军无条件投降了,兔死狐悲,亲敌派也感到末日将临。

101. 蝜蝂之死

蝜蝂(fù bǎn)①者,善负小虫也。行遇物,辄持取,昂其首负之。背愈重,虽困剧不止也。其背甚涩②,物积因不散,卒踬(zhì)仆③不能起。人或怜之,为去其负。苟能行,又持取如故。又好上高,极其力不已,至坠地死。

【注释】

① 蝜蝂:传说中的一种小虫,喜欢背东西。　② 涩:不光滑。　③ 踬仆:脚被绊而跌倒。

【阐发】

1. 原作者是用蝜蝂来比喻贪污分子的。他们贪得无厌,最终锒铛入狱。

2. 释"愈"。上文"背愈重"中的"愈",指"更加""越来越……",意为背的东西更加重。又,"其行愈恣",意为他的行为更加放肆。又,"愈行愈远",意为越走越远。它又指"病好",如"经治得愈",意为经过治疗病才好。又,"创愈则又上阵",意为伤口好了就又上战场。

【练习】

1. 解释加点的词

　①负＿＿＿＿＿＿

　②辄＿＿＿＿＿＿

　③剧＿＿＿＿＿＿

　④卒＿＿＿＿＿＿

⑤ 已_____

2. 翻译

人或怜之,为去其负_____

【动物成语】

狐裘羔袖

裘:皮衣。羔:小羊。狐皮袄上用羊皮做袖子。比喻整体很好,略有不足。

〔例〕这幅花卉整体很好,但狐裘羔袖,那几只蜜蜂画得不好。

102. 苏武牧羊

　　苏武为汉使匈奴，为单(chán)于①留，使卫律②治之。百般胁诱，武终不屈。卫律白单于，单于益欲降之，乃幽武大窖中，无饮食。天雨雪，武啮雪，与毡毛并咽之，数日不死，匈奴以为神。乃徙武北海③上无人处，使牧羝(dī)④。曰：羝乳乃得归。武既至海上，廪食⑤不至，掘野鼠之藏而食之，杖汉节⑥牧羊，卧起操持。十九年乃归。

【注释】

　　① 单于：匈奴的头领。　　② 卫律：汉人，后投降于匈奴。　　③ 北海：今贝加尔湖。　　④ 羝：公羊。　　⑤ 廪食：官府供应的粮食。　　⑥ 节：使者的凭证。

【阐发】

　　1. 苏武出使匈奴被扣留。匈奴头领要他投降，他不肯，吃尽千辛万苦终回国，是个真正的爱国者。

　　2. 释"白"。上文"卫律白单于"中的"白"，指"说"。又，"儿白母，吾欲远行求学"，意为儿子对母亲说，我想去远方游学。又，"此事乃吾兄白之"，意为这事是我的哥哥说出来的。

【练习】

　　1. 解释加点的词

　　　　① 使＿＿＿＿＿＿＿＿

　　　　② 留＿＿＿＿＿＿＿＿

③ 治＿＿＿＿＿＿＿

④ 幽＿＿＿＿＿＿＿

⑤ 窖＿＿＿＿＿＿＿

⑥ 雨＿＿＿＿＿＿＿

⑦ 啮＿＿＿＿＿＿＿

⑧ 并＿＿＿＿＿＿＿

⑨ 乳＿＿＿＿＿＿＿

⑩ 乃＿＿＿＿＿＿＿

2. 翻译

① 百般胁诱＿＿＿＿＿＿＿＿＿＿＿＿＿＿＿＿＿＿＿

② 单于益欲降之＿＿＿＿＿＿＿＿＿＿＿＿＿＿＿＿＿＿

【动物成语】

羊质虎皮

质：本性。比喻外表吓人，而实际无用。

〔例〕别看他凶狠的样子，其实羊质虎皮，没有人怕他的。

103. 犬负米救主

杨光远之叛青州①也,有孙某居围城中,其田庄在青州西。城闭既久,内外隔绝,食且尽,举族愁叹。有犬徬徨于侧,似有忧思。孙某曰:"家无粮,人且死,奈何? 尔能为吾至田庄取米耶?"犬摇尾应之。是夜,置一布囊,并简,系于犬背。犬即由水窦出,至田庄吠。庄人启门,识其犬,取简视之,令负米还,未晓入城。如此数月,孙某举族得不馁。后杨光远败,城开。

【注释】

① 青州:古州名,在今山东半岛中部。

【阐发】

1. 释"举"。"举"有好多义项,上文"举族得不馁"中的"举",解释为"全""整个",意为全族人才能不受饥饿。又,成语"举国欢腾",意为全国人民欢呼跳跃。

2. 释"简"。"简"指竹简,即竹片。我国古代在纸发明以前,有一段时期是把文字写在"简"上的。竹简一般长一尺左右,宽一两寸,用毛笔直写,可写一行或两行字。自从东汉蔡伦发明了纸,竹简逐渐不再用。但后代习惯用"简"代表书信,因此上文所说犬身上背的"简"并非竹简,而是书信。现代汉语中的"书简""简札"均指信。

【练习】

1. 解释加点的词

①且_____

②侧_____

③置_____

④窦_____

⑤启_____

⑥晓_____

⑦馁_____

2. 翻译

城闭既久_____

【动物成语】

乳狗噬虎

乳狗：刚生小狗的母狗。比喻在紧急情况下，弱者也会不计利害奋击。

［例］三十几个游击队员，被敌军包围后，乳狗噬虎，勇猛突围而出。

104. 秦西巴纵麑

　　鲁之贵人孟孙,猎得麑(ní)①,使秦西巴持归。其母随而鸣,秦西巴见其哀,纵而与之。麑随母而去。孟孙怒曰:"吾猎得麑,尔纵之,何也?"秦西巴曰:"但不忍耳。"孟孙逐秦西巴。居一年,召以太子傅。左右曰:"夫秦西巴有罪于君,今以为太子傅,何也?"孟孙曰:"夫秦西巴以一麑而不忍,又安能亏吾子乎?"

【注释】

　　① 麑:小鹿。

【阐发】

　　1. 秦西巴放走小鹿,他有仁慈之心。孟孙开始时发怒,把秦西巴赶走了,但后来想想,秦西巴做得对,所以一年后又把他召回来,做了儿子的老师。

　　2. 释"耳"。"耳"作为句末助词,相当于"罢了""了"。上文"但不忍耳",意为只是不忍心罢了。又,"但求生耳",意为只是为了求得生存罢了;"家贫,唯粥耳",意为家里穷,只能吃粥了。

【练习】

　　1. 解释加点的词

　　　　① 哀＿＿＿＿＿＿＿＿＿

　　　　② 逐＿＿＿＿＿＿＿＿＿

　　　　③ 居＿＿＿＿＿＿＿＿＿

④ 傅＿＿＿＿＿＿＿

⑤ 亏＿＿＿＿＿＿＿

2. 翻译

纵而与之＿＿＿＿＿＿＿＿＿＿＿＿＿＿＿＿＿＿＿＿＿＿＿＿

【动物成语】

鹿死谁手

比喻最后的胜利者不知是谁。

［例］为了争夺这个制高点，双方激战数昼夜，尚不知鹿死谁手。

105. 老马识途

管仲、隰(xí)朋从桓公①伐孤竹②,春往冬反,迷途失道。管仲曰:"老马之智可用也。"乃放老马而随之,遂得道。行山中无水,隰朋曰:"蚁冬居山之阳,夏居山之阴,蚁壤③一寸而仞有水。"乃掘地,遂得水。

【注释】

① 桓公:指齐桓公,齐国国君。　② 孤竹:春秋时的一个小国。　③ 蚁壤:即蚁封,蚁穴上面的小土堆。

【阐发】

1. 管仲与隰朋都是有智慧的人。他们分别解决了迷途与口渴的问题。

2. 释"遂"。"遂"在文言中多作"就""于是""便"解。上文"遂得道""遂得水",意为就找到了原路、便获得了水。又,"不日遂发",意为没几天就出发;"事遂败",意为事情就败露。

【练习】

1. 解释加点的词

　　① 反＿＿＿＿＿＿＿＿＿

　　② 乃＿＿＿＿＿＿＿＿＿

　　③ 阳＿＿＿＿＿＿＿＿＿

　　④ 阴＿＿＿＿＿＿＿＿＿

　　⑤ 仞＿＿＿＿＿＿＿＿＿

2. 翻译

老马之智可用也＿＿＿＿＿＿＿＿＿＿＿＿＿＿＿＿＿＿＿＿

【动物成语】

老马识途

比喻有经验的人能起到引导作用。

［例］他做了几十年木匠，修复这张红木桌子，犹如老马识途，轻而易举。

106. 张 五 悔 猎

休宁①县有村民张五，以猎为生。张尝逐一母鹿。鹿将二仔行，不能速，遂为张五所及。母鹿度不可免，顾旁有浮土，乃引二仔下，拥土覆之，而身投于张五网中。值张母出户，遥望见，遂奔至网所，具以所见告子。即破网出鹿，并二仔亦纵之。张母曰："人有母子之情，畜亦有之。吾不忍见母死仔孤，故破网纵仔。"张五闻之，心感动焉。由此焚网，永不复猎。

【注释】

① 休宁：今安徽休宁。

【阐发】

1. 人要爱护善良的动物，要保护稀有动物。张五的母亲不忍见母死仔孤，所以要让儿子破网放走母鹿。一片仁慈之心，谁不称赞？

2. 释"为……所……"。它是表被动的句式，相当于"被"。上文"遂为张五所及"，意为便被张五赶上。又，"室为火所焚"，意为房屋被火烧毁；"其秘为人所窥"，意为他的秘密被人偷看到。

【练习】

1. 解释加点的词

① 逐 _____

② 将 _____

③ 及 _____

④ 引＿＿＿＿＿＿＿＿

⑤ 值＿＿＿＿＿＿＿＿

⑥ 遥＿＿＿＿＿＿＿＿

⑦ 具＿＿＿＿＿＿＿＿

⑧ 焚＿＿＿＿＿＿＿＿

⑨ 复＿＿＿＿＿＿＿＿

2. 翻译

即破网出鹿,并二仔亦纵之＿＿＿＿＿＿＿＿＿＿＿＿＿＿＿＿＿＿

【动物成语】

鹿裘不完

裘:皮袄。穿的是破旧的鹿皮袄。形容生活俭朴或困难。

〔例〕他虽然身居要职,但鹿裘不完,非常节俭。

107. 叶公好龙

叶公子高①好龙。钩②以写龙,凿③以写龙,屋室雕文以写龙。于是夫龙闻而下之,窥(kuī)头于牖(yǒu),施(yì)尾于堂。叶公见之,弃而还走,失其魂魄,五色无主④。是叶公非好龙也,好夫似龙而非龙者也。

【注释】

① 叶公子高:即叶子高。春秋时楚国贵族。　② 钩:衣带上的钩子。
③ 凿:酒杯。　④ 五色无主:脸上神色无定,形容极心慌。

【阐发】

1. 叶子高喜爱龙,其实是伪装的,当真龙出现时,便吓得五色无主。有些人扬言能降龙伏虎,当老虎真的来了,便吓得屁滚尿流,连忙逃跑。

2. 释"夫"。"夫"是个多义词,可指"男子""人",还可作语气词用。上文"好夫似龙而非龙者也"中的"夫",作代词用,相当于"那""那些",意为叶公喜欢那些似龙而又不是真龙的东西。

【练习】

1. 解释加点的词

　　① 写＿＿＿＿＿＿＿

　　② 文＿＿＿＿＿＿＿

　　③ 施＿＿＿＿＿＿＿

　　④ 是＿＿＿＿＿＿＿

2. 翻译

　　① 窥头于牖_____

　　② 弃而还走_____

【动物成语】

叶公好龙

口头上说爱好某种事物，实际上不是真的。

［例］他吹牛说能喝两斤白酒，然而才饮了两口就倒地了，好比叶公好龙，全是吹牛。

108. 兄弟争雁

曩兄弟二人睹雁翔,将援弓而射之。兄曰:"获则烹。"其弟争曰:"舒雁①宜烹,翔雁②宜燔(fán)③。"二人争之不已,讼于社伯④。社伯请剖雁,烹、燔半焉。已而索雁,则凌空远矣。

【注释】

① 舒雁:行动缓慢的雁。此指活动在地上的鹅。　② 翔雁:指天鹅。
③ 燔:烤。　④ 社伯:古代二十五家为"社","社伯"是社的头领。

【阐发】

1. 无谓的争论。雁还没击落,却先要争如何烧煮。这种无为的争论毫无益处。这则寓言告诉人们,要少说空话,莫错过良机,争取多干点实事。

2. 释"剖"。它指"分割开"。上文"社伯请剖雁"中的"剖",即指"分割成两半"。又,"有人剖蚌得珠",意为有人剖开蚌而获得珠子。又,"兄弟两剖产而分居",意为兄弟两人分割财产后分开过日子。

【练习】

1. 解释加点的词

① 睹＿＿＿＿＿＿＿＿

② 烹＿＿＿＿＿＿＿＿

③ 已＿＿＿＿＿＿＿＿

④ 讼＿＿＿＿＿＿＿＿

⑤ 索＿＿＿＿＿＿＿＿

2. 翻译

将援弓而射之_____

【动物成语】

雁过拔毛

大雁飞过也想拔根毛。比喻非常贪心，见到任何好处，都想捞一点。

〔例〕他是雁过拔毛之类的人，见路边有人种的菜，也要随手拔一棵回家。

109. 一幅鼠画

有一书生，工画，作一群鼠图，献诸邑令^①。令初不知爱，易之，漫悬于壁。一旦，过而视之，画坠于地，令仆复悬之。屡悬屡坠，仆怪之，白于令。令欲明其究竟，遂于门间窥之，见仆方举画，有猫二三，奔而逐之，始知其画为逼真，乃珍藏之。

【注释】

① 邑令：县官。

【阐发】

1. 一幅鼠画，老鼠被画得惟妙惟肖，连猫都分不出真假，真是高手之笔。

2. 释"工"。"工"指"善于""擅长"等。上文"工画"，意为擅长作画。又，"工绣"，意为擅长刺绣。"工书"，意为擅长书法。"工医"，意为擅长医术。

【练习】

1. 解释加点的词

　　① 漫＿＿＿＿＿＿＿

　　② 坠＿＿＿＿＿＿＿

　　③ 窥＿＿＿＿＿＿＿

　　④ 逐＿＿＿＿＿＿＿

2. 翻译

仆怪之,白于令_____

【动物成语】

鼠牙雀角

比喻争讼。

〔例〕为了一点小事,邻里间闹得鼠牙雀角。后经众人相劝,事情才平息。

110. 若石之死

　　若石隐于冥山之阴。有虎恒蹲以窥其藩①。若石帅②家人昼夜警,卒岁而虎不能有所获。一日虎死,若石以为虎死而无毒己者矣。于是弛其机③,撤其备,垣坏而不修,藩决而不理。无何,有貙(chū)④逐麋(mí)⑤而止其室之隈(wēi)⑥。若石不知其为貙也,叱之不去,投之于块,貙人立而爪之毙。

【注释】

　　①藩:篱笆。　②帅:同"率",带领。　③机:指弓弩。　④貙:古书上说一种似狸而大的凶猛野兽。　⑤麋:麋鹿。　⑥隈:角落。

【阐发】

　　1. 若石知其一而不知其二。他以为老虎死了,没有危害了,于是放松了警惕,哪知貙更凶猛,结果若石死于貙爪。

　　2. 释"投"。上文"投之于块"中的"投",指"掷",意为用石头掷它。又,"肉腐,投于河",意为肉已腐败,扔在河里。它又指"进入"。如"吾投宿于友人家",意为我住在友人家中。

【练习】

　　1. 解释加点的词

　　　　①阴＿＿＿＿＿＿

　　　　②恒＿＿＿＿＿＿

　　　　③卒＿＿＿＿＿＿

　　　　④弛＿＿＿＿＿＿

⑤ 叱＿＿＿＿＿＿＿＿＿＿＿＿

2. 翻译

① 无毒己者矣＿＿＿＿＿＿＿＿＿＿＿＿＿＿＿＿＿＿＿＿＿＿＿＿＿＿＿

② 藩决而不理＿＿＿＿＿＿＿＿＿＿＿＿＿＿＿＿＿＿＿＿＿＿＿＿＿＿＿

③ 貙人立而爪之毙＿＿＿＿＿＿＿＿＿＿＿＿＿＿＿＿＿＿＿＿＿＿＿＿

【动物成语】

虎不食子

老虎不吃自己生的小虎。

〔例〕这是你亲生儿子,为什么他有点小过失,就把他毒打一顿?虎不食子,你连老虎都不及。

111. 黑驴与白骏

有一黑驴,负物甚重。路遇一白骏,呼曰:"骏兄济我,吾背上物重,力不得胜,请与分任之。"骏哂曰:"懒驴,此系汝之责任,吾岂能与尔代肩哉!"驴又哀之,骏竟不应。未几,驴力疲,压毙。驱驴者愤极,驾骏强①行。骏终恨之,亦无可如何也。

天下事大,非一人之力而能任,戮力图之,则重事亦举矣。

【注释】

① 强:强迫。

【阐发】

1. 黑驴有困难,白骏不肯帮助它。天下的大事很多,要互相帮助,怎能见死不救呢? 白骏的行为是不对的。

2. 释"济"。"济"的本义是"渡河",成语有"同舟共济"。它有时引申为"帮助""救助"等。上文"骏兄济我",意为骏兄帮助我一下。又,"家贫,邻人济之",意为家庭贫困,邻居帮助他。又,"人有落水者,乃无人济之",意为有个落水的人,竟没人救助他。现代汉语有"救济"一词。

【练习】

1. 解释加点的词

① 负＿＿＿＿＿＿＿

② 胜＿＿＿＿＿＿＿

③ 晒_____

④ 系_____

2. 翻译

① 骏竟不应_____

② 戮力图之,则重事亦举矣_____

【动物成语】

驴唇马嘴

比喻说话写文章,前言不搭后语,前后矛盾。

〔例〕你说的都是驴唇马嘴,没人相信。

112. 井 中 捞 月

　　昔有五百猕（mí）猴①，游行林中，俱至大树下。树下有井，井中有月影现。时猕猴主见是月影，语诸伴曰："月今日死，落于井中，当共出之，莫令世间长夜暗冥。"众猴云："何能出之？"猕猴主言："我知出法，我捉树枝，汝捉我尾，展转相连，乃可出之。"诸猕猴如主语，展转相捉。然枝弱而折，一切②猕猴堕井中。

【注释】

　　① 猕猴：猴子的一种。　　② 一切：所有。

【阐发】

　　1. 猴子想去井中捞月，本是愚蠢的事，结果全部掉入井中而死。

　　2. 释"如"。上文"如主语"中的"如"，解释为"按照"。又，"如吾语，定能获野兔"，意为按照我的话，一定能抓住野兔。又，"不如吾言，且有灾"，意为不按照我的话做，将会遭灾难。

【练习】

　　1. 解释加点的词

　　　　① 俱＿＿＿＿＿＿＿

　　　　② 现＿＿＿＿＿＿＿

　　　　③ 是＿＿＿＿＿＿＿

　　　　④ 诸＿＿＿＿＿＿＿

⑤ 莫＿＿＿＿＿＿＿＿

⑥ 冥＿＿＿＿＿＿＿＿

⑦ 捉＿＿＿＿＿＿＿＿

⑧ 折＿＿＿＿＿＿＿＿

2. 翻译

当共出之＿＿＿＿＿＿＿＿＿＿＿＿＿＿＿＿＿＿＿＿＿＿＿＿＿＿＿

【动物成语】

猴年马月

不知哪年哪月,也可以说是任何时候。

［例］瞧你这么磨磨蹭蹭,猴年马月才能完成。

113. 驯蛇高手戴生

　　有戴生①者，善捕蛇。凡有异蛇，必使捕之。至于赤手②拾取，如鳅鳝然③。或为毒蝮所啮，一指肿胀如椽(chuán)④，旋⑤于笈中取少药糁(sǎn)⑥之，即化黄水流出，<u>平复如初</u>，然十指所存仅四耳。<u>或欲捕之，蛇藏匿不可寻</u>，则以小苇管吹之，其蛇则随呼而至，此为尤奇。其家所蓄异蛇凡数十种，各随小大以贮之，日啖其肉，每呼之使之旋转升降，皆能如意。

【注释】

　　① 生：后生，年轻人。　② 赤手：空手。　③ 如鳅鳝然：如同抓泥鳅鳝鱼一般轻而易举。　④ 椽：承架屋瓦的圆木。　⑤ 旋：一会儿。　⑥ 糁：敷涂。

【阐发】

　　1. 戴生是捕蛇高手，即使被毒蛇咬得手指肿胀如椽，只要用药敷涂即可愈。他还能用吹笛的方法引诱蛇出洞，特别奇怪。

　　2. 释"贮"。上文"贮之"中的"贮"即"藏"。又，"吾之谷贮于瓮中"，意为我家的谷子藏在瓮里。又，"尔贮书以千数"，意为你藏书大概有数千册。又，"此鱼，无久贮"，意为这鱼，不能长久贮藏。

【练习】

　　1. 解释加点的词

　　　　① 或＿＿＿＿＿＿

　　　　② 笈＿＿＿＿＿＿

③ 凡_____

2. 翻译

① 平复如初_____

② 或欲捕之_____

③ 蛇藏匿不可寻_____

【动物成语】

脱缰之马

脱：摆脱。缰：马缰绳。比喻摆脱拘束的人。

［例］放暑假了，一群学生像脱缰之马，自由自在地玩耍。

114. 黠 虎

有虎自山中驰来，欲食鸡犬。主人见之，以矛逐之。虎眈眈相向，主人亦勇，相持久之。众邻人见之，皆持棍棒，虎不敢近。归山，众亦①弃矛，以为无害也。寻，虎见众人散，又驰入农家，连噬数鸡。呜呼！虎亦黠矣。

【注释】

① 亦：也。

【阐发】

1. 这只老虎实在狡猾，见有人驱赶便逃，等待众人松懈后，立刻又来。

2. 释"寻"。上文的"寻"，解释为"不久"。又，"其为蛇伤，寻卒"，意为他被毒蛇咬了，不久便死去。

【练习】

1. 解释加点的词

　　① 逐_____

　　② 噬_____

　　③ 黠_____

2. 翻译

　　① 虎眈眈相向_____

　　② 以为无害也_____

【动物成语】

虎头蛇尾

虎的头很大,蛇的尾巴很细小。比喻开头声势很大,后来劲头小了。

[例] 老张对儿子说:"你要学弹琴,我花了不少钱为你买一架钢琴,可别虎头蛇尾,三天打鱼,两天晒网。"

115. 钱若赓断鹅

　　明万历①中,钱若赓(gēng)守临江,有异政。有乡人持一鹅入市,寄店中后他往。还,索鹅,店主赖之,云:"群鹅我鹅也。"乡人不平,讼于官。公②令人取店中鹅,计四只,各以一纸,给笔砚,分四处,令其供状。人莫不讶之。食顷,使人问鹅供状不?答曰:"未。"又顷,下堂视之,曰:"状已供矣。"守指一鹅曰:"此乡人鹅。"众人怪之,守曰:"乡人鹅食草,粪色青;店鹅食谷粟,粪色黄。"店主伏罪。

【注释】

　　① 万历:明神宗的年号。　　② 公:指钱若赓。

【阐发】

　　1. 用鹅的粪便来破案,恐怕谁也难以想到。事情虽简单,但全靠智慧与生活经验。

　　2. 释"云"。上文的"云",指"说",犹如"曰"。又,"父曰:吾售鸡得二十文",意为父亲说,我卖鸡获得二十铜钿。又,成语有"人云亦云",意为别人怎么说他也跟着怎么说。

【练习】

　　1. 解释加点的词

　　　　① 守_____

　　　　② 持_____

　　　　③ 索_____

2. 翻译

　　① 有异政_____

　　② 讼于官_____

　　③ 人莫不讶之_____

　　④ 众人怪之_____

【动物成语】

鹅步而行

鹅走起路来摇摇摆摆。比喻人走动不方便。

［例］他已九十多岁了，鹅步而行，常要人搀着走。

116. 鼠技虎名

　　楚①人谓虎为"老虫"，姑苏②人谓鼠为"老鼠"。余官长洲③，以事至娄东④。灭烛就寝，忽闻碗碟有声。余问故，阍(hūn)童⑤答曰："老虫。"余楚人也，<u>不胜惊愕</u>，曰："<u>城中安得有此兽</u>?"童曰："非他兽，鼠也。"余曰："<u>鼠何名老虫?</u>"童谓吴俗相传耳。嗟乎！鼠冒老虫之名，<u>致余惊愕欲走</u>，良久发笑。然今天下冒虚名骇世俗者不寡矣！至于挟鼠技而冒虎名，立民上者，<u>皆鼠辈也</u>，天下事不可不大忧耶?

【注释】

　　① 楚：古楚国。今湖北、湖南一带。　　② 姑苏：苏州。　　③ 长洲：古地名，今苏州吴中区东部。　　④ 娄东：今江苏太仓。　　⑤ 阍童：守门的小伙子。

【阐发】

　　1. 因为地域不同，老虎与老虫搞在一起，有老鼠虫，楚人以为有老虎，虚惊一场。又，鹅，某些地方称为白乌龟，同样也会闹出笑话。

　　2. 释"骇"。它指"惊惧"。上文"冒名骇世俗"中的"骇"，即指使人害怕。又，"见蛇，大骇"，意为看见蛇大为害怕。又，"虎欲食人，先骇之"，意为老虎要吃人，先使人害怕。

【练习】

　　1. 解释加点的词

　　　　① 嗟＿＿＿＿＿＿＿

　　　　② 良＿＿＿＿＿＿＿

③ 寡＿＿＿＿＿＿＿

2. 翻译

① 不胜惊愕＿＿＿＿＿＿＿＿＿＿＿＿＿＿＿＿＿＿＿＿＿

② 城中安得有此兽＿＿＿＿＿＿＿＿＿＿＿＿＿＿＿＿＿＿＿

③ 致余惊愕欲走＿＿＿＿＿＿＿＿＿＿＿＿＿＿＿＿＿＿＿

④ 皆鼠辈也＿＿＿＿＿＿＿＿＿＿＿＿＿＿＿＿＿＿＿＿＿＿

【动物成语】

鼠肚鸡肠

比喻人气量狭小。

［例］我不是鼠肚鸡肠的人，只要有钱，一定借给你。

117. 神　龟

　　湘①之滨有田父②焉,于植谷时得一龟,足伤难行,怜而携之归。三年,龟大,见家人近,则昂首相视,甚亲。田父自念,龟乃野生之物,其性自由,故放诸河。后二年,其子自学府归,见户外有龟,俯而视之,乃昔日之物也,讶之。其家视之如子,日三餐,冬则曝于庭,夏则凉于阴。其子曰:"吾家饲之多年矣,宜归生。"田父乃于其背镌姓氏,携之百里外,自桥投之河。龟上浮者三,然后去。后五年,龟又见于户前沟中,举家怪之。村人闻,咸曰:"真神龟也!"

【注释】

　　① 湘:湘江。　② 田父:种田人。

【阐发】

　　1. 有些动物有灵性,就像这只乌龟,主人把它放生,然而两年之后,又回来了。第二次放生后,五年后又归。如此动物,谁不喜欢?

　　2. 释"俯"。它指"脸朝下"或"低头"。上文"俯而视之",意为低下头察看。又,"俯身欲拜",意为弯下身想拜谢。

【练习】

　　1. 解释加点的词

　　　　① 昔＿＿＿＿＿＿＿

　　　　② 曝＿＿＿＿＿＿＿

③ 镌_____

2. 翻译

① 则昂首相视,甚亲_____

② 故放诸河_____

③ 举家怪之_____

【动物成语】

龟龄鹤算

古人以为龟与鹤的寿命很长,都在百年之上。比喻人长寿。

[例] 我祖父龟龄鹤算,竟活到百岁以上。

118. 裴旻射虎

北平^①多虎，旻（mín）善射，尝一日毙虎三十有一，因憩山下，四顾自若。有一老父曰："此皆彪也，似虎而非，将军若遇真虎，无能为也。"旻跃马而往，次丛薄^②中，果有真虎出，状小而势猛，据地而一吼，山石震裂。旻马辟易^③，弓矢皆坠，殆（dài）^④不得免。自此惭愧，不复射虎。

【注释】

① 北平：古县名，在今河北满城。　② 次丛薄：蹲伏在茂密的草丛中。
③ 辟易：惊退。　④ 殆：几乎。

【阐发】

1. 斐旻射死的是彪，而不是老虎。他洋洋得意，这是盲目的骄傲。后来遇到真虎，吓得屁滚尿流。某学生，平日学业成绩一般，后来有一次数学考了 98 分，在父母面前喜气洋洋，但这次考题极易，班上 100 分的有 20 来人。

2. 释"憩"。它指"休息"。上文"因憩山下"，意为因此在山下休息。又，"军少憩，又出发"，意为军队稍微休息一会，又出发了。

【练习】

1. 解释加点的词

　　① 尝＿＿＿＿＿＿＿

　　② 据＿＿＿＿＿＿＿

　　③ 坠＿＿＿＿＿＿＿

④ 复_____

2. 翻译

无能为也_____

【动物成语】

虎视眈(dān)眈

眈眈：注视的样子。形容恶狠狠地盯着。

［例］这二人，虎视眈眈，将有一场恶战。

119. 公冶长与鸱鹰

　　世传公冶长能解百禽语。一日,有鸱(chī)①来报长②,曰:"冶长,冶长!南有死獐③!子食其肉,我食其肠!"公冶长应而往,果得獐,然其无意饲鸱以肠也。鸱是以怨之。

　　居无何,鸱又来报如前。长复往,望见数人围一物而哗。长以为死獐,恐人夺之,遥呼曰:"我击死也!我击死也!"至,乃一死人。众遂逮长见邑宰④。宰审问,长再三辩,宰曰:"尔自言'我击死也',何为诈!"长无言以对。

【注释】

　　① 鸱:鹞鹰。　② 长:指公冶长。　③ 獐:一种哺乳动物,似鹿而小,头上无角。　④ 邑宰:县官。

【阐发】

　　1. 公冶长因为不守信用,所以受到了鸱的报复,恶果自食。人如果不讲信用,也会受到大小不等的惩处。

　　2. 释"是以"。"是以"要按"以是"理解,解释为"因此"或"所以"。"以"解释为"因","是"解释为"这""此",连起来指"因为这原因"或"因此"。又,"其人仁爱,是以人多敬之",意为那人有仁爱的心肠,因此众人都尊敬他。

【练习】

　　1. 解释加点的词

　　　① 复＿＿＿＿＿＿＿＿

②哗_____

　　③再_____

　　④对_____

2. 翻译

　　① 然其无意饲鸥以肠也_____

　　② 居无何_____

【动物成语】

雏鹰展翅

雏：幼鸟。幼鹰展开翅膀飞翔。比喻青年人开始独立生活、工作。

［例］她刚大学毕业,正是雏鹰展翅的时候。

120. 徒手与狼搏

有一妇得病，久治不愈。或曰："某山中有奇草，可治之。"翌日^①，夫遂入山撷之。至山腰，忽见狼突出，瞠目视之。惧。其人念之，<u>若遁，必为狼所食</u>，遂与狼徒手搏。久之，人狼皆惫^②。适有猎人过，遂以弓箭射之。中狼腹，欲遁，猎人追及，一发中狼首，遂毙。

【注释】

① 翌日：第二天。　② 惫：疲劳。

【阐发】

1. 人怕狼，其实狼也怕人。好比毒蛇，人怕它，它也怕人。这是互相的。

2. 释"适"。上文"适有猎人过"中的"适"，指"恰巧"。又，"二友多年不见，适于道上相逢，皆喜"，意为两个朋友，多年不见面，恰巧在路上碰面，都很高兴。又，"吾方出户，适见友人来"，意为我刚要出门，恰巧遇见朋友来了。

【练习】

1. 解释加点的词

　　① 或＿＿＿＿＿＿＿

　　② 撷＿＿＿＿＿＿＿

　　③ 瞠＿＿＿＿＿＿＿

　　④ 惧＿＿＿＿＿＿＿

⑤ 徒＿＿＿＿＿＿＿

⑥ 遁＿＿＿＿＿＿＿

⑦ 及＿＿＿＿＿＿＿

⑧ 毙＿＿＿＿＿＿＿

2. 翻译

若遁，必为狼所食＿＿＿＿＿＿＿＿＿＿＿＿＿＿＿＿＿＿

【动物成语】

狼子野心

狼子：狼崽子。野心：凶恶的本性。比喻凶暴的人用心狠毒，野性难改。

［例］这孩子才十来岁，却狼子野心的，人们都厌恶他。

121. 朝 三 暮 四

宋①有狙(jū)②公者，爱狙，养之成群，能解狙之意，狙亦得公之心。狙公损其家人粮而充狙之欲。俄而，粮匮(kuì)③焉，将限狙之食。恐众狙之不驯于己也，先诳之曰："与若芧(xù)④，朝三而暮四，足乎？"众狙皆起而怒。俄而曰："与若芧，朝四而暮三，足乎？"众狙皆喜而伏地。

【注释】

① 宋：宋国。　② 狙：古书上指猕猴。　③ 匮：缺乏。　④ 芧：栎树的果实。猴子的食物。

【阐发】

1. 朝三暮四与朝四暮三有什么不同呢？如今形容经常变卦，反复无常。某人向朋友借钱，对方朝三暮四，今天说明天，明天又说后天。

2. 释"足"。上文"足乎"，意为满足了吗？又，"其妇育有一男一女，足矣"，意为那妇女生了一男一女，满足了。又，"今年天旱，谷少，食之不足"，意为今年天旱，粮少，不够吃的。

【练习】

1. 解释加点的词

　　① 解＿＿＿＿＿＿＿

　　② 损＿＿＿＿＿＿＿

　　③ 充＿＿＿＿＿＿＿

　　④ 匮＿＿＿＿＿＿＿

⑤ 诳＿＿＿＿＿＿＿＿＿

⑥ 伏＿＿＿＿＿＿＿＿＿

2. 翻译

① 恐众狙之不驯于己也＿＿＿＿＿＿＿＿＿＿＿＿＿＿＿＿

② 朝三而暮四,足乎＿＿＿＿＿＿＿＿＿＿＿＿＿＿＿＿＿＿＿

【动物成语】

獐头鼠目

獐子的头小而尖,老鼠的眼睛小而圆。形容人生得丑陋。

［例］他獐头鼠目,相貌十分难看。

242

122. 道 士 救 虎

一夕，山洪大发，漂室庐。人骑木乘屋，号呼求救者声相连也。道士①具大舟，躬蓑笠，立水浒，督善水者以绳俟，见人至即投木、索引之，所存活者甚众。平旦，有兽身没波涛中而浮其首左右盼，若求救者。道士曰："是亦有生命，必速救之。"舟者移船往，以木引之上，乃虎也。初昏昏然坐而舐其毛，后则瞠目视道士，跃而攫之仆地。舟人奔救，道士虽不死而重伤焉。

【注释】

① 道士：道教徒。

【阐发】

1. 这个道士，做事有点愚。落水的老虎怎能救它，结果自讨苦吃，险些连性命都不保。

2. 释"具"。文言中的"具"多作"备""准备""备办"等用。上文"道士具大舟"中的"具"，指"准备"，意为道士准备了大船（救落水的人）。又，"故人具鸡黍"，意为老朋友为我准备了鸡与饭；"具笔墨，即书"，意为准备好了笔与墨，立刻书写。

【练习】

1. 解释加点的词

　　① 漂＿＿＿＿＿＿＿

　　② 俟＿＿＿＿＿＿＿

③ 索＿＿＿＿＿＿＿

④ 引＿＿＿＿＿＿＿

⑤ 没＿＿＿＿＿＿＿

⑥ 乃＿＿＿＿＿＿＿

2. 翻译

① 躬蓑笠,立水浒＿＿＿＿＿＿＿＿＿＿＿＿＿＿＿＿

② 以木引之上＿＿＿＿＿＿＿＿＿＿＿＿＿＿＿＿＿＿

③ 跃而擭之仆地＿＿＿＿＿＿＿＿＿＿＿＿＿＿＿＿＿

【动物成语】

画虎类犬

类：好像。没有本领,却要画虎,结果把老虎画得像狗。形容没本领,却好高骛远。

［例］他毛笔尚不会握,却要学草书,结果画虎类犬,被人讥笑。

123. 蝙　蝠

　　凤凰寿,百鸟朝贺,唯蝙蝠①不至。凤凰责之曰:"汝居吾下,何如此倨?"蝙蝠曰:"吾有足,属兽,何为贺汝?"一日,麒麟②生诞,蝙蝠亦不至。麒麟亦责之。蝙蝠曰:"吾有翼,能飞,属禽,何为贺欤(yú)?"既而,凤凰与麒麟相会,语及蝙蝠之事,相与慨叹曰:"今世风恶薄,偏生此等不禽不兽之徒,实无奈他何!"

【注释】

　　① 蝙蝠:一种哺乳动物,能飞,夜间吃蚊、蛾。　　② 麒麟:古代传说中的一种神兽。

【阐发】

　　1. 蝙蝠实在狡猾。说它是鸟,然而它有脚,是兽类动物,说它是兽类,然而它能飞。

　　2. 释"欤"。"欤"是句末语气词,相当于"呢""吗""啊""了"等。上文"何为贺欤",意为为什么要来祝贺呢? 又,"天何不雨欤",意为天为什么不下雨呢? "何卒之早欤",意为为什么死得那么早啊?

【练习】

　　1. 解释加点的词

　　　　① 责＿＿＿＿＿＿＿

　　　　② 会＿＿＿＿＿＿＿

　　　　③ 徒＿＿＿＿＿＿＿

2. 翻译

　　① 汝居吾下,何如此倨 _____

　　② 今世风恶薄 _____

【动物成语】

凤毛麟角

比喻稀有的人才或事物。

[例] 像这样的雕匠,如今凤毛麟角,难以找到。

124. 牧竖巧逮狼

两牧竖①入山至狼穴，见穴中有小狼二，谋分捉之。持小狼各登一树，相去数十步。少顷，大狼至，入穴失子，意甚仓皇②。一竖于树上扭小狼蹄、耳，故令嗥。大狼闻声仰视，怒奔树下，号且抓。其一竖又在彼树致小狼嗥。大狼闻声四顾，乃舍此趋彼，号抓如前状。前树又鸣，又转奔之。口无停声，足无停止，数十往复，奔渐迟，声渐弱；既而奄奄③僵仆，久之不动。两牧竖下树视之，气已绝矣，遂得小狼二。

【注释】

　① 牧竖：牧童。　② 仓皇：惊慌。　③ 奄奄：气息微弱的样子。

【阐发】

　1. 这很似游击战：调动敌人，让敌人疲于奔命，以达到不战而胜的目的。

　2. 释"去"。上文"相去数十步"中的"去"，指"离""距离"。又，"敌去我尚远，无忧"，意为敌人离我们还远，不用担忧。又，"此去市，才二里"，意为这里离市场，才二里路。

【练习】

　1. 解释加点的词

　　　① 穴＿＿＿＿＿＿

　　　② 谋＿＿＿＿＿＿

　　　③ 顾＿＿＿＿＿＿

④ 趋_____

⑤ 状_____

⑥ 仆_____

2. 翻译

① 其一竖又在彼树致小狼嗥_____

② 气已绝矣_____

【动物成语】

狼狈为奸

狈：传说狈是一种兽，前腿特别短，走路时要趴在狼身上，没有狼，它就不能行动。奸：干坏事。比喻互相勾结干坏事。

［例］这伙人狼狈为奸，于民为害。

125. 农夫误杀耕牛

华州①村,往岁有耕田者,日晡(bū)②疲甚,乃枕犁而卧。虎自林间出,眈眈而视,欲啖之。屡前,牛辄跨立耕者之上,左右以角抵虎,虎不得近,垂涎至地而去。其人则熟寝,未之知也。

虎行已远,耕者觉,见牛跨立其上,恶之,以为妖,因杖牛。牛不能言而奔,逐之,愈觉其怪。归而杀之,解其体,食其肉,而不悔。

【注释】

① 华州:古州名,在今陕西渭南。　② 晡:下午三点钟到五点钟的时间。

【阐发】

1. 好心无好报,世上被冤枉的何止这头牛。但愿人们多一点调查,多一点冷静,多一点反省,少一点冤枉好人。

2. 释"未之知"的语法现象。这是个倒置句,调整后的词序是"未知之",意为"不知道发生的事"。又,"未之奇",即"未奇之",意为不认为这是奇怪的事;"未之忘",即"未忘之",意为没忘记他;"未之觉",即"未觉之",意为没察觉这事。

【练习】

1. 解释加点的词

　　① 啖_____

　　② 屡_____

③ 辄＿＿＿＿＿＿＿

④ 抵＿＿＿＿＿＿＿

⑤ 垂＿＿＿＿＿＿＿

⑥ 寝＿＿＿＿＿＿＿

⑦ 觉＿＿＿＿＿＿＿

⑧ 恶＿＿＿＿＿＿＿

2. 翻译

未之知也＿＿＿＿＿＿＿＿＿＿＿＿＿＿＿＿＿＿＿＿＿＿＿

【动物成语】

牛鼎(dǐng)烹鸡

牛鼎：古代用来烹煮整只牛的大器物。比喻大材小用。

［例］他是学飞机制造专业的，现在去做快递员了，真是牛鼎烹鸡，极可惜。

126. 鸟 与 人

　　吾昔少时所居书室,前有竹柏,杂花丛树满庭,众鸟巢其上。母恶杀生,诫儿童婢仆不得捕取鸟鹊,故数年间鸟鹊皆巢于低枝,其雏可俯而窥也。又有桐花凤^①四五百,日翔集其间。此鸟数十里之内难见,而能栖于其间,殊不畏人。乡里闻之,以为异事,咸来观。此无他,人之仁爱,信于异类也。

【注释】

　　① 桐花凤:鸟名,即蓝喉太阳鸟。

【阐发】

　　1. 人类爱护鸟,鸟就接近人类。如果我们整天生活在鸟语花香的环境中,那心情一定极为舒畅。

　　2. 释"殊"。文言中的"殊",多作"很"解。上文"殊不畏人",意为很不怕人,或一点也不怕人。又,"殊不欲食",意为很不想吃东西;"畏惧殊甚",意为很害怕。

【练习】

　　1. 解释加点的词

　　　　① 庭＿＿＿＿＿＿＿＿

　　　　② 恶＿＿＿＿＿＿＿＿

　　　　③ 婢＿＿＿＿＿＿＿＿

　　　　④ 集＿＿＿＿＿＿＿＿

⑤ 咸_____

2. 翻译

① 众鸟巢其上_____

② 其雏可俯而窥也_____

③ 此无他,人之仁爱,信于异类也_____

【动物成语】

鸟集鳞萃

鳞:指鱼。萃:聚集。形容聚集得很多。

[例] 听说要放映露天电影了,村民们早早等候在广场上,如鸟集鳞萃。

127. 狮子王与豽

　　曩有狮子王,于深山攫(jué)一豽①,将食之。豽曰:"请为王月送二鹿以自赎。"狮子王喜。豽以时而进,已亦攫得狸、兔自存。期年之后,鹿尽,豽无可送者。狮子王遇豽,曰:"汝杀众生亦多矣! 今次至汝,汝其图之!"豽无以对,遂为狮所食。

【注释】

　　① 豽:一种凶猛的野兽,外形像狼而小。

【阐发】

　　1. 释"期年"。"期"在文言中可解释为"满"。"期年"即满一年;"期月"即满一月。又,"期年而归",意为一年后回来;"期月而成",意为一个月便成功了。

　　2. 释"攫"。"攫"指"抓"。上文"攫一豽",意为抓住一只豽。凡是"扌"旁的字,都与手或手的动作有关。如"搡"(推)、"据"(占有)、"捽"(揪)、"拽"(拖)、"搦"(拿),若有些"扌"旁的字不识,可从偏旁部首推测它的含义。

【练习】

　　1. 解释加点的词

　　　　① 曩＿＿＿＿＿＿＿

　　　　② 攫＿＿＿＿＿＿＿

　　　　③ 存＿＿＿＿＿＿＿

④ 次_____

　　　⑤ 对_____

　　2. 翻译

　　　① 豺以时而进_____

　　　② 汝其图之_____

【动物成语】

饮鸩止渴

　　鸩：一种有毒的鸟。此指鸩酒。喝有鸩毒的酒用来解渴。比喻只图眼前，不顾后患。

　　［例］他借了钱去赌博，犹如饮鸩止渴，今后全家如何生活呢？

128. 雁　冢

　　无锡荡口镇，有人得一雁，将杀而烹之。有书生见而悯 (mǐn) 焉，买以归，畜之以为玩。惧其逸去，以线联其两翅，使不得飞。雁杂处鸡鹜 (wù)①间，亦颇驯，唯闻长空雁唳 (lì)，辄昂首而鸣。一日，有群雁过其上，此雁大鸣。忽有一雁自空而下，集于屋檐，二雁相顾，引吭奋翅②，若相识者：一欲招之下，一欲引之上。书生悟此二雁必旧偶也。乃断其线，使飞。然此雁久系，不能奋飞，屡飞屡堕，竟不得去。檐上之雁，守之终日，忽自屋飞下，相对哀鸣。越日，则俱毙矣。书生感其义，合而葬之，名曰"雁冢"。

【注释】

　　① 鹜：鸭子。　　② 引吭奋翅：伸长脖子鸣叫，展翅欲飞。

【阐发】

　　1. 这两只雁，似人间夫妻，极有感情。两只雁同时殉情，可爱可敬。

　　2. 释"悯"。它指"同情"或"可怜"。上文"有书生见而悯焉"，意为有个书生看见了，很可怜这雁。又，"人悯其贫，以衣食馈之"，意为有人同情他贫穷，将衣食赠送给他。

　　3. 释"鹜"和"骛"。这两个字的形体相仿，不少人常搞错。但只要仔细一辨，它们的区别是极明显的。"鹜"的下部是"鸟"，属禽类，指"鸭子"。上文"雁杂处鸡鹜间"，意为大雁生活在鸡和鸭子中间。而"骛"的下部是"马"，属兽类，原指"纵横奔驰"，引申为"追求"。

【练习】

　　1. 解释加点的词

　　　　① 畜＿＿＿＿＿＿＿

　　　　② 逸＿＿＿＿＿＿＿

　　　　③ 喋＿＿＿＿＿＿＿

　　　　④ 辄＿＿＿＿＿＿＿

　　　　⑤ 引＿＿＿＿＿＿＿

　　　　⑥ 竟＿＿＿＿＿＿＿

　　　　⑦ 越＿＿＿＿＿＿＿

　　　　⑧ 冢＿＿＿＿＿＿＿

　　2. 翻译

　　　　① 亦颇驯＿＿＿＿＿＿＿＿＿＿＿＿＿＿＿＿＿＿＿＿＿＿＿

　　　　② 则俱毙矣＿＿＿＿＿＿＿＿＿＿＿＿＿＿＿＿＿＿＿＿＿＿

【动物成语】

好高骛远

形容不切实际地追求高远的目标。

［例］这小学生语文不好好学,却好高骛远,想写小说了。

129. 鸲鹆噪虎

女几①之上,鹊所巢。有虎出于朴樕(sù)②。鹊集而噪之。鸲鹆③闻之,亦集而噪之。鹎鶋(bēi jū)④见而问之曰:"虎行地者也,其如子何哉而噪之也?"鹊曰:"是啸而生风,吾畏其颠吾巢,故噪而去之。"问于鸲鹆,鸲鹆无以对。鹎鶋笑曰:"鹊之巢木末也,畏风,故忌虎。尔穴居者也,何以噪为?"

【注释】

　　① 女几:山名。　　② 朴樕:小树,丛木。　　③ 鸲鹆:俗称"八哥"。
④ 鹎鶋:乌鸦的别名。

【阐发】

　　1. 鸲鹆噪闹喧哗,想吓走老虎,这是徒然的。一个能飞,一个行走在地上,两者互不相关。

　　2. 释"对"。它是个多义词。上文"鸲鹆无以对"中的"对",指"回答"。意为鸲鹆没话可回答。又,"守问此案何破,群下无人对",意为郡太守问,这案件怎么破,手下人无人回答。

【练习】

　　1. 解释加点的词

　　　　① 巢＿＿＿＿＿＿＿＿

　　　　② 闻＿＿＿＿＿＿＿＿

　　　　③ 末＿＿＿＿＿＿＿＿

　　　　④ 忌＿＿＿＿＿＿＿＿

2. 翻译

　　① 其如子何哉而噪之也_____

　　② 尔穴居者也,何以噪为_____

【动物成语】

鸟尽弓藏

　　飞鸟打尽了,就把弓藏起来不用了。比喻事情取得成功后,就把出过力的人抛弃。

　　[例] 当初朋友帮他开办这家公司,后来公司日益兴旺,他以为可以鸟尽弓藏,就把朋友一脚踢开。

130. 屠 夫 杀 狼

　　有屠人货肉归，日已暮，欻(xū)①一狼来，瞰担中肉，似甚垂涎，随屠尾行数里。屠惧，示之以刃，少却。及走，又从之。屠思狼所欲者肉，不如悬诸树而蚤②取之，遂钩肉，翘足挂树间，示以空担，狼乃止。屠归，昧爽③往取肉，遥望树上悬巨物，似人缢死状，大骇，逡巡④近视，则死狼也。仰首细审，见狼口中含肉，钩刺狼腭(è)⑤，如鱼吞饵(ěr)。时狼皮价昂，直十余金，屠小裕焉。

【注释】

　　① 欻：突然。　② 蚤：同"早"。　③ 昧爽：黎明。　④ 逡巡：有所顾虑而脚步迟缓。　⑤ 腭：嘴的上壁。

【阐发】

　　释"则"。作为文言虚词，"则"一般相当于"就""就是"。《岳阳楼记》："此则岳阳楼之大观也。"意为这就是岳阳楼的雄伟景象。但它又可指"原来是"。上文"……则死狼也"，意为原来是一只已死的狼。又，"入门见僧，则古寺也"，意为进了门看见和尚，原来这里是古庙。

【练习】

　　1. 解释加点的词

　　　　① 货＿＿＿＿＿＿＿

　　　　② 瞰＿＿＿＿＿＿＿

　　　　③ 垂＿＿＿＿＿＿＿

④ 惧_____

⑤ 诸_____

⑥ 缢_____

⑦ 骇_____

⑧ 审_____

⑨ 饵_____

⑩ 直_____

⑪ 金_____

2. 翻译

示之以刃,少却_____

【动物成语】

狼奔豕(shǐ)突

豕:猪。像狼和猪那样乱跑乱窜。形容坏人或敌人仓皇逃跑。

[例] 这数十敌军被我军包围后,狼奔豕突,死的死,伤的伤,只有几个人逃脱。

131. 巴延三毁"驴香馆"

山西省城外有酒肆,所烹驴肉最香美,远近闻名,群呼曰"驴香馆"。其法以草驴一头,养之至肥,先醉以酒,后满身排打①。欲割其肉,先钉四桩,将驴足缚住,又以木一横于背,系其头尾,使不得动。后以汤沃其身,去其毛,再以锐刃零割。驴惨号,仁者不忍睹。客欲啖前后腿,或肚当②,或背脊,或头尾,各随其便。当客下箸(zhù)③时,其驴尚未死绝也。后巴延三为山西长,下令毁"驴香馆",为首者斩,其余俱充军戍边,并勒石永禁。

【注释】

① 排打:在驴身上一一打过去。　② 肚当:肚子上的肉。　③ 箸:筷子。

【阐发】

1. 如此残忍的吃驴肉法,应当禁止。

2. 释"肆"。"肆"除了作"四"的大写外,在文言中主要解释为"店铺"。上文所说"酒肆",即酒店。又,"鱼肆"指鱼店;"书肆"即书店;"入肆劫财"意为闯进店铺抢劫钱财。

【练习】

1. 解释加点的词

　　① 烹＿＿＿＿＿＿＿

　　② 至＿＿＿＿＿＿＿

③ 系_____

④ 汤_____

⑤ 沃_____

⑥ 啖_____

⑦ 长_____

⑧ 戍_____

⑨ 勒_____

2. 翻译

① 先醉以酒_____

② 仁者不忍睹_____

【动物成语】

卸磨杀驴

将推完磨的驴子卸下来杀掉。比喻将曾经为自己辛苦付出者一脚踢开。

［例］他为了自己的利益,竟然做出卸磨杀驴的事。

262

132. 奇　鹰

　　楚文王少时好猎。有人献一鹰。文王见之，爪距①利，殊绝常鹰。故文王猎于云梦②，置网云布，烟烧张天。毛群羽族③，争噬竞搏；此鹰轩④颈瞪目，无搏噬之志。王曰："吾鹰所获以百数，汝鹰曾无奋意，将欺余邪?"献者曰："若效于雉兔，臣岂敢献。"俄而，云际有一物翔，不辨其形。鹰遂竦翮(hé)⑤而升，蠢若飞电。须臾，羽堕如雪，血下如雨。有大鸟坠地，度其两翅，广数十里。众莫之识。时有博物君子⑥曰："此乃大鹏也。"文王乃厚赏之。

【注释】

　　① 距：禽爪后面突出像脚趾的部分。　　② 云梦：古地名；楚国的大湖泽，在今湖北境内。　　③ 毛群羽族：此指其他的鹰。　　④ 轩：高高昂起。　　⑤ 竦翮：展开翅膀。　　⑥ 博物君子：知识渊博的人。

【阐发】

　　1. 这人献给楚文王的鹰，的确与众不同。表面看没多大本领，一到关键时刻就显出它的威力了。

　　2. 释"以百数"。上文"吾鹰所获以百数"，其中"以百数"即用百来计算，也指数百。又，"此狼皮，贵，以百数售"，意为这狼皮，贵重，要用数百文出售。又，"是珠非常见，以千文售之"，意为这珠子不是常见的珍宝，要一千个铜钿出卖它。

【练习】

1. 解释加点的词

① 殊＿＿＿＿＿＿＿

② 竞＿＿＿＿＿＿＿

③ 奋＿＿＿＿＿＿＿

④ 岂＿＿＿＿＿＿＿

⑤ 堕＿＿＿＿＿＿＿

⑥ 度＿＿＿＿＿＿＿

⑦ 厚＿＿＿＿＿＿＿

2. 翻译

① 烟烧张天＿＿＿＿＿＿＿＿＿＿＿＿＿＿＿＿＿＿＿

② 无搏噬之志＿＿＿＿＿＿＿＿＿＿＿＿＿＿＿＿＿

③ 将欺余耶＿＿＿＿＿＿＿＿＿＿＿＿＿＿＿＿＿＿＿

④ 众莫之识＿＿＿＿＿＿＿＿＿＿＿＿＿＿＿＿＿＿＿

【动物成语】

鹰视狼步

看东西像鹰，走路像狼。形容凶狠残暴的外貌。

［例］此人鹰视狼步，似乎非善良之辈。

133. 猫　　说

　　齐奄①家畜一猫，自奇之，号于人曰："虎猫。"客说之曰："虎诚猛，不如龙之神也，请更名曰'龙猫'。"又客说之曰："龙固神于虎也，龙升天浮②云，云其尚于龙乎？不如名曰'云'。"又客说之曰："云霭蔽天，风倏散之，云故不敌风也，请名曰'风'。"又客说之曰："大风飙起，唯屏以墙③，斯足蔽矣④，风其如墙何？名之曰'墙猫'可。"又客说之曰："墙虽固，唯鼠穴之，墙斯圮(pǐ)⑤矣，墙又如鼠何？即名曰'鼠猫'可也。"东里丈人⑥嗤之曰："噫嘻！捕鼠者故猫也。猫即猫耳，胡为自失本真哉！"

【注释】

　　① 齐奄：作者虚构的人物。　　② 浮：漂浮，此指依靠。　　③ 唯屏以墙：只能用墙挡住它。　　④ 斯足蔽矣：这足以挡住了。　　⑤ 墙斯圮：墙壁就坏了。　　⑥ 东里丈人：东面的老人。

【阐发】

　　1. 释"诚"。上文"虎诚猛，不如龙之神也"中的"诚"，指"确实"，句意为虎确实勇猛，然而不如龙有神灵。又，"君诚能，吾不及也"，意为你确实有才能，我比不上你；"水诚湍急，不得下"，意为水流确实急速，不能下水；"士卒诚威，敌闻风而遁"，意为士卒确实威武，敌人听到风声就逃跑了。它还指"如果"。如，"诚能如是，则有望胜矣"，意为如果能像这样，那胜利便有希望了。

　　2. 释"固"。上文有两个"固"。"龙固神于虎也"中的"固"，指"固然""确实",句意为龙确实比老虎有神灵;"墙虽固,唯鼠穴之"中的"固"指"坚固",句意为墙壁虽然坚固,然而老鼠能在上面打洞。又,"是军乱,其败理固宜然",意为这军队混乱,它的失败从道理上说固然应该这样;"江山险固,百姓富足",意为江山险要坚固,百姓富裕充足。

【练习】

    1. 解释加点的词

        ① 奇 _____

        ② 更 _____

        ③ 霭 _____

        ④ 唯 _____

        ⑤ 斯 _____

        ⑥ 嗤 _____

    2. 翻译

        ① 风倏散之 _____

        ② 唯鼠穴之 _____

【动物成语】

猫哭老鼠

老鼠被猫咬死了,猫竟流泪。比喻虚伪。

［例］他们是仇敌,对方死了,他竟去吊丧,猫哭老鼠,假慈悲。

134. 跛足虎

太行山之西十里,有草庵焉,老僧居之。尝间行①山涧,有小虎大如犬,折前一足,委顿②伏地,殆(dài)为崖石殒而伤,而为母虎所弃也。僧怜之,携归庵,饲以粥饭。后遂驯习,僧出则尾随,居则膝侍。

居二载,虎益壮猛,人呼为"跛足虎"。客有过庵者,虎亦回旋③妥适。于是远近之人称僧能伏虎,僧亦诩诩然,以为虎善我。

一日,僧携虎远出,鼻出血不止,淋漓注地。僧惜其污,以足点地使虎舐(shì)之。虎得血甘甚,嫌其无几,又馋不可忍,遂扑僧食之。自是,"跛足虎"出没路间,见人即噬,伤害甚众。

【注释】

① 间行:从小路走。　② 委顿:精神不振。　③ 回旋:在人身边走来走去。

【阐发】

1. 吃人是老虎的本性。和尚救虎,结果自食恶果,被老虎吃掉。

2. 释"载"。上文"居二载"中的"载",指"年"。"二载"即两年。又,"儿出门五载,未有信息",意为儿子出门五年,没有消息。

【练习】

1. 解释加点的词

① 庵＿＿＿＿＿＿＿＿

② 涧＿＿＿＿＿＿＿＿

③ 折＿＿＿＿＿＿＿＿

④ 习＿＿＿＿＿＿＿＿

⑤ 侍＿＿＿＿＿＿＿＿

⑥ 诩诩＿＿＿＿＿＿＿＿

⑦ 注＿＿＿＿＿＿＿＿

⑧ 甘＿＿＿＿＿＿＿＿

⑨ 噬＿＿＿＿＿＿＿＿

2. 翻译

殆为崖石殒而伤＿＿＿＿＿＿＿＿＿＿＿＿＿＿＿＿＿＿＿＿

【动物成语】

虎口余生

余：留下。从老虎嘴边逃脱生命。比喻逃脱极危险的境地，侥幸活下来。

［例］他从敌人监狱里逃出来，真是虎口余生。

135. 里胥督赋奇遇

衢州①里胥②至贫民家督赋,民但有一哺鸡,拟烹之。里胥仿佛见桑林间有黄衣女子乞命。里胥惊恻。少顷,见民持刀取哺鸡,意悯之,止勿杀。后再至,见鸡率群雏,向前跃,<u>有似相感恩之状</u>,里胥行百步遇虎,忽见鸡飞扑虎眼,<u>因奔免</u>。

【注释】

① 衢州:今浙江衢州。　　② 里胥:指管理乡里事务的公差。

【阐发】

1. 里胥催促贫民交纳赋税,但贫民家家徒四壁,十分穷苦。本打算杀鸡招待里胥,里胥阻止了。后来这只鸡竟救了他一命,真是好心有好报。

2. 释"拟"。上文"拟烹之"中的"拟",解释为"打算",句意为打算杀鸡招待里胥。又,"予拟至京探友",我打算至京城探望友人。又,"吾拟市鱼而食",意为我打算买鱼吃。

【练习】

1. 解释加点的词

　　　① 赋＿＿＿＿＿＿＿

　　　② 但＿＿＿＿＿＿＿

　　　③ 乞＿＿＿＿＿＿＿

　　　④ 恻＿＿＿＿＿＿＿

　　　⑤ 悯＿＿＿＿＿＿＿

⑥ 再＿＿＿＿＿＿＿

⑦ 跃＿＿＿＿＿＿＿

⑧ 扑＿＿＿＿＿＿＿

2. 翻译

① 有似相感恩之状＿＿＿＿＿＿＿＿＿＿＿＿＿＿＿＿

② 因奔免＿＿＿＿＿＿＿＿＿＿＿＿＿＿＿＿＿＿＿＿

【动物成语】

鸢(yuān)飞鱼跃

鸢：老鹰。老鹰在天上飞，鱼在水中跳跃。形容万物自由自在地活动。

［例］鸢飞鱼跃，人们多么羡慕它们的生活。

136. 画 蛇 添 足

楚有祠(cí)者，赐其舍人①卮(zhī)酒②。舍人相谓曰："数人饮之不足，一人饮之有余。请画地为蛇，先成者饮酒。"一人蛇先成，引酒且饮之，乃左手持卮，右手画蛇，曰："吾能为之足。"未成。一人之蛇成，夺其卮曰："蛇固无足，子安能为之足?"遂饮其酒。为蛇足者终亡其酒。

【注释】

　　① 舍人：手下办事的人。　　　② 卮酒：一大杯酒。

【阐发】

　　1. 有一大杯酒，几个人分喝，则不满足，而一个人喝，又有多余。于是通过画蛇比赛，先画成的可以喝这杯酒。有人先画成了，另外的人还在画。此人洋洋得意，以为时间还有多余，便给画好的蛇添上脚，多此一举，最终失去了这杯酒。

　　2. 释"足"。上文有五个"足"字。其中第一个"足"指"够""满足"。其余的"足"指"脚"。又，"余粮不足，于邻假之"，意为存粮不够，向别人借粮。又，"谷不足，未能出击"，意为粮食不够，不能出击。又，"蛇无足而行"，意为蛇没有脚也能行。

【练习】

　　1. 解释加点的词

　　　　① 祠＿＿＿＿＿＿

　　　　② 画＿＿＿＿＿＿

271

③ 且_____

④ 持_____

⑤ 亡_____

2. 翻译

子安能为之足_____

【动物成语】

画蛇添足

比喻多此一举。

［例］这幅字写得很好，可落款伪造名人，画蛇添足，结果出售时被人识破。

137. 次 非 杀 蛟

次非得干遂①过江,见两蛟夹其舟。次非谓舟人②曰:"子尝见两蛟③绕船而能活者乎?"船人曰:"未之见也。"次非攘臂④祛(qū)衣⑤,拔宝剑曰:"此江中之腐肉朽骨也。弃剑以全众,余奚爱焉?"于是赴江刺蛟,杀之而复上船。舟中之人皆得活。

【注释】

　　① 干遂:吴国地名,在今江苏苏州。吴国当时出产名剑。此句意为"得干遂之剑"。　　② 舟人:船夫。　　③ 蛟:传说中生活在水中的龙。　　④ 攘臂:捋起袖子。　　⑤ 祛衣:脱掉外衣。

【阐发】

　　1. 次非宁可失去宝剑,也要跃入江中刺蛟,这勇敢的精神可嘉。

　　2. 释"弃"。上文"弃剑以全众"中的"弃",指"放弃""扔掉""失去"等。又,"此肉已腐,弃之",意为这肉已经腐败,扔掉它。又,"彼弃学为农",意为他放弃学业而从事农业生产。又,"尔为何弃贾而为农?"意为你为什么放弃经商而要种田?

【练习】

　　1. 解释加点的词

　　　　①弃＿＿＿＿＿＿＿

　　　　②赴＿＿＿＿＿＿＿

　　　　③复＿＿＿＿＿＿＿

2. 翻译

　　① 未之见也_____

　　② 余奚爱焉_____

【动物成语】

蛟龙得水

　　蛟龙有了水,就能飞腾上天。比喻有才能的人得到了施展才能的机会。

　　[例] 她是学工艺美术的,这次分配到工艺公司工作,如蛟龙得水,可以一展才能了。

138. 鲁侯养鸟

昔者海鸟止于鲁郊，鲁侯①御而觞(shāng)之于庙。奏《九韶》②以为乐，具太牢③以为膳。鸟乃眩视忧悲，不敢食一脔(luán)④，不敢饮一杯，三日而死。<u>此以己养养鸟也</u>，非以鸟养养鸟也。

【注释】

① 鲁侯：鲁国的君主。　②《九韶》：古代高雅的乐曲。　③ 太牢：古代帝王祭祀时，牛、羊、猪三牲全备的叫"太牢"。　④ 脔：切成小片的肉。

【阐发】

1. 用养活自己的方法来养鸟，心肠虽好，但方法不对。有人用肉喂鸡，也是胡乱的行为。

2. 释"庙"。上文中所说的"庙"，不是佛教中的寺庙，而是祖庙。古代帝王与贵族人家都有"庙"，在庙里有神像或牌位，子孙定期祭祀。那是极庄重的地方。

【练习】

1. 解释加点的词

　　① 御＿＿＿＿＿＿＿

　　② 觞＿＿＿＿＿＿＿

　　③ 膳＿＿＿＿＿＿＿

2. 翻译

　　此以己养养鸟也＿＿＿＿＿＿＿＿＿＿＿＿＿

【动物成语】

戎马倥偬(zǒng)

戎马：军马,借指军事生活。倥偬：忙碌。形容军务繁忙。

［例］这位将军,在戎马倥偬中,仍不忘学习。

139. 马 与 驴

　　马与驴同槽①而食，争。马曰："吾日行百里，常为主人至市售鸡鸭。"驴亦曰："主人日进山樵，吾为彼驮。"两者争不休。主人闻之，鞭马击驴。马、驴不胜怒。一日，主人欲出门访友，马不行。鞭之亦不走，遂罢。后又入山樵，砍柴无数，驴不欲负。主人方悟，乃昔日鞭之也。遂饲马与驴如初："皆吾昔日之过。"

【注释】

　　① 槽：盛牲畜饲料的长条形器具。

【阐发】

　　1. 马与驴为主人效力，为何因为它们争食而要鞭打它们呢？牲畜也有情，主人待它们好与坏都会记在心。

　　2. 释"负"。上文"驴不欲负"中的"负"，指"背负"。又，"吾母负薪而归"，意为我母亲背着柴草回来。又，"母病，吾负而就医"，意为我母亲有病，我背着她去治疗。

【练习】

　　1. 解释加点的词

　　　　① 樵＿＿＿＿＿＿＿

　　　　② 彼＿＿＿＿＿＿＿

　　　　③ 击＿＿＿＿＿＿＿

　　　　④ 罢＿＿＿＿＿＿＿

2. 翻译

　　① 主人方悟,乃昔日鞭之也_____

　　② 遂饲马与驴如初_____

【动物成语】

非驴非马

原指马与驴杂交生的骡子。比喻不伦不类的东西。

[例] 这瓜既不像南瓜,又不似冬瓜,非驴非马,不知道是什么瓜。

140. 王 华 之 犬

　　饶州①民章华,常樵采入山。其年冬,比邻有王华者,同上山采柴,犬亦从之。忽有一虎自榛(zhēn)②中跃出,搏王华,华立仆,然未伤。虎踞于地,少息。章华叫喝且走,虎遂舍王华而逐章华。时犬潜莽中,见章被衔,突出跃上虎头,咋虎之鼻。虎不意其来,惊惧而走。二人皆僵卧如沉醉者。其犬吐涎水救之。如此数次,章稍苏。犬复以此救王。良久,王亦起。犬惫,伏不能起,是夕即毙。

【注释】

　　① 饶州:古地名,在今江西东北部。　　② 榛:树丛。

【阐发】

　　释"从"。"从"从字形上看似一个人跟着另一个人,因此指"跟随",引申为"听从""服从"。上文"犬亦从之",意为狗也跟随他。又,"从者百余人",意为跟随的有一百多人。成语"言听计从",意为对对方说的话、出的主意都听从。

【练习】

　　1. 解释加点的词

　　　　① 樵＿＿＿＿＿＿＿

　　　　② 比＿＿＿＿＿＿＿

　　　　③ 仆＿＿＿＿＿＿＿

④ 踞_____

⑤ 舍_____

⑥ 逐_____

⑦ 潜_____

⑧ 莽_____

⑨ 咋_____

⑩ 沉_____

⑪ 稍_____

⑫ 苏_____

⑬ 良_____

⑭ 悫_____

⑮ 毙_____

2. 翻译

突出跃上虎头_____

【动物成语】

狗头生角

比喻不可能的事。

[例] 有人说他拜佛得神灵保佑了，这完全是狗头生角，没人相信。

141. 黠　鼠

　　苏轼(shì)①夜读,有鼠方啮,击床而止之,既而复作。使童子烛之,有橐(tuó)②中空,嘐嘐(jiāo jiāo)之声出于橐中。童子曰:"嘻! 此鼠之见闭而不得去也。"发而视之,寂无所有,举烛而索,中有死鼠。童子惊曰:"是方啮也,何为遽死耶? 向为何声,岂有鬼耶?"覆而出之,鼠堕地疾走,虽有敏者,亦手足无措。

【注释】

　　① 苏轼：宋朝著名文学家。　　② 橐：一种口袋。

【阐发】

　　1. 这只老鼠真狡猾,会装死。

　　2. 释"见"。"见"是个多音多义词,其中一个用法是作被动词用,相当于"被"。上文"此鼠之见闭而不得去也"中的"见",即指"被","见闭"意为被关闭住。又,"见笑"指被人嗤笑;"见杀"即被杀。

　　3. 释"向"。上文"向为何声"中的"向",指早先。又,"向彼与吾为友",意为早年他跟我是朋友。

【练习】

　　1. 解释加点的词

　　　　① 方＿＿＿＿＿＿＿

　　　　② 既＿＿＿＿＿＿＿

　　　　③ 烛＿＿＿＿＿＿＿

281

④ 发＿＿＿＿＿＿＿＿＿＿

⑤ 寂＿＿＿＿＿＿＿＿＿＿

⑥ 遽＿＿＿＿＿＿＿＿＿＿

⑦ 耶＿＿＿＿＿＿＿＿＿＿

⑧ 走＿＿＿＿＿＿＿＿＿＿

2. 翻译

① 此鼠之见闭而不得去也＿＿＿＿＿＿＿＿＿＿＿＿＿＿＿＿＿

② 覆而出之＿＿＿＿＿＿＿＿＿＿＿＿＿＿＿＿＿＿＿＿＿＿＿＿＿＿

【动物成语】

鼠窃狗盗

像老鼠或狗那样盗窃。指小偷小摸，也比喻干见不得人的勾当。

［例］他结交几个鼠窃狗盗之徒，人人都讨厌他。

142. 饿死狙公

楚有养狙(jū)①以为生者,楚人谓之狙公。旦日,必使老狙率众狙之山中,求草木之实,然后赋十一以自奉。若不给,则鞭棰焉。众狙皆苦之,弗敢违。

一日,有小狙谓众狙曰:"山之果,公所树欤?"曰:"否,天生也。"曰:"非公而不得取欤?"曰:"否,皆可取也。"曰:"然则吾何假于彼而为之役乎?"言未既,众狙皆悟。

其夕,众狙伺狙公之寝,破栅毁柙(xiá)②,取其积,相携而入林中,不复归。狙公卒馁而死。

【注释】

① 狙:古书中指猕猴。　② 柙:木笼。

【阐发】

释"十一"。上文中的"十一"指十分之一。"然后赋十一以自奉",意为狙公征收十分之一的果子用来自己享用。文言中的分数往往不用几分之几表达,如说"死者十五",即死亡的人有十分之五。

【练习】

1. 解释加点的词

①旦＿＿＿＿＿＿＿

②之＿＿＿＿＿＿＿

③实＿＿＿＿＿＿＿

283

④ 棰＿＿＿＿＿＿＿＿＿＿

⑤ 树＿＿＿＿＿＿＿＿＿＿

⑥ 欥＿＿＿＿＿＿＿＿＿＿

⑦ 既＿＿＿＿＿＿＿＿＿＿

⑧ 伺＿＿＿＿＿＿＿＿＿＿

⑨ 卒＿＿＿＿＿＿＿＿＿＿

⑩ 馁＿＿＿＿＿＿＿＿＿＿

2. 翻译

① 众狙皆苦之，弗敢违＿＿＿＿＿＿＿＿＿＿＿＿＿＿＿＿＿＿＿

② 吾何假于彼而为之役乎＿＿＿＿＿＿＿＿＿＿＿＿＿＿＿＿＿＿

【动物成语】

集腋成裘

腋：狐狸腋下的皮毛。裘：皮衣。比喻积少成多。

［例］学习时我们应该集腋成裘，多积累好词佳句。

143. 狮　　猫

明万历①间，宫中有鼠，大与猫等，为害甚剧。遍求民间佳猫捕之，反为所食。适异国来贡狮猫，毛白如雪。抱之投于鼠屋，阖（hé）其扉，潜窥之。猫蹲良久，鼠逡巡（qūn xún）②自穴中出，见猫，怒奔欲食之。猫避登几上，鼠亦登；猫跃下，鼠亦追下。如此往复，不止百次。众咸谓猫怯，以为无能者也。既而鼠硕腹似喘，跳跃渐迟，蹲地少休。猫疾下，抓顶毛，口啮首领，辗转③争持，猫声呜呜，鼠声啾啾。启扉急视，则鼠已为猫嚼碎矣。然后知猫向之避，非怯也，乃用智也。

【注释】

①万历：明神宗的年号。　②逡巡：因有顾虑而脚步迟缓。　③辗转：反复。

【阐发】

1. 这很有点像游击战术：敌进我退，敌退我扰，敌疲我打。狮猫真聪明！

2. 释"扉"。古代住房结构的名称与今天的说法有点不同。如门，可叫"扉"；窗，可叫"牖"；台阶，可叫"除"；院子，可叫"庭"；内房，可叫"室"；厅，可叫"堂"。

【练习】

1. 解释加点的词

① 等_____

② 剧_____

③ 佳_____

④ 适_____

⑤ 阃_____

⑥ 穴_____

⑦ 几_____

⑧ 既_____

⑨ 硕_____

⑩ 少_____

⑪ 领_____

2. 翻译

① 反为所食_____

② 众咸谓猫怯，以为无能者也_____

【动物成语】

兽聚鸟散

像鸟兽一样时聚时散。

[例] 这伙人好吃懒做，如兽聚鸟散，有了钱便大吃大喝，没钱就互不来往。

144. 猿　　子

　　武平①产猿，猿毛若金丝，闪闪可观。猿子尤奇，性可驯，然不离母。母黠，人不可逮。猎人以毒附矢，伺母间射之。中母，母度不能生，洒乳于树，饮子。洒已，气绝。猎人向猿子鞭母，猿子悲鸣而下，束手就擒。每夕必寝皮②乃安，甚者辄抱皮跳跃而毙。嗟(jiē)夫③！猿子且知有母，不爱其身，况人也耶？世之不孝子孙，其于猿子下矣！

【注释】

　　① 武平：今福建武平。　　② 皮：此指母猿的皮。　　③ 嗟夫：唉。感叹词。

【阐发】

　　1. 猎人击毙了母猿，猿子抱母皮而睡，后来竟跳跃而死。猿子爱母，令人可敬。

　　2. 父母爱子女，子女爱父母，本是人之天性。

　　3. 释"其"。有时可作副词用，相当于"大概""难道"等。上文末句"其于猿子下矣"中的"其"，相当于"大概"，意为大概连小猿也比不上。

【练习】

　　1. 解释加点的词

　　　　① 驯＿＿＿＿＿＿＿

　　　　② 黠＿＿＿＿＿＿＿

　　　　③ 逮＿＿＿＿＿＿＿

　　　　④ 矢＿＿＿＿＿＿＿

⑤ 中＿＿＿＿＿＿＿＿

⑥ 度＿＿＿＿＿＿＿＿

⑦ 已＿＿＿＿＿＿＿＿

⑧ 绝＿＿＿＿＿＿＿＿

⑨ 甚＿＿＿＿＿＿＿＿

⑩ 辄＿＿＿＿＿＿＿＿

⑪ 且＿＿＿＿＿＿＿＿

⑫ 爱＿＿＿＿＿＿＿＿

2. 翻译

① 伺母间射之＿＿＿＿＿＿＿＿＿＿＿＿＿＿＿＿＿＿＿＿＿＿

② 其于猿子下矣＿＿＿＿＿＿＿＿＿＿＿＿＿＿＿＿＿＿＿＿＿＿

【动物成语】

漏网之鱼

从网眼里逃脱的鱼。比喻脱逃的罪犯或敌人。

［例］数十敌军被打得死的死,伤的伤,只有几个成了漏网之鱼,侥幸脱逃。

288

145. 老叟斥牛

　　李家洼[①]佃户董某,父死,遗一牛,老且跛,将卖于屠肆。牛逸至其父墓前,伏地僵卧,牵挽鞭捶,皆不起。村人闻是事,络绎来视。忽邻叟刘某愤然至,以杖击牛曰:"其父堕河,何预尔事?使随波漂流,充鱼鳖食,岂不大善?尔无故多事,引之使出,多活十余年,致其奉养,死而买棺葬。且留此一坟,岁需祭扫,为董氏子孙无穷累,尔罪大矣!尔就死,活该!"盖董某之父尝坠河中,牛随之跃入,牵其尾得脱险也。董某初不知其事,闻之大惭,自打颊曰:"我乃非人也!"急引牛而归。老牛数月后病死,泣而埋之。

【注释】

　　① 李家洼:古地名。

【阐发】

　　1. 牛老了,又跛足。儿子卖给杀牛的店铺,但他不知早先此牛曾救过他父亲。有人斥责他无情无义,使他惭愧之极。

　　2. 释"叟"。它指"老头儿"。上文"忽邻叟刘某愤然至"中的"叟",即指姓刘的老头儿。又,"见一叟仆地",意为看见一个老头儿倒在地上。又,"二叟相扶同行",意为两个老头互相搀扶一同走路。

【练习】

　　1. 解释加点的词

　　　① 跛＿＿＿＿＿＿＿

② 肆＿＿＿＿＿＿＿＿

③ 逸＿＿＿＿＿＿＿＿

④ 是＿＿＿＿＿＿＿＿

⑤ 堕＿＿＿＿＿＿＿＿

⑥ 引＿＿＿＿＿＿＿＿

⑦ 致＿＿＿＿＿＿＿＿

⑧ 盖＿＿＿＿＿＿＿＿

⑨ 初＿＿＿＿＿＿＿＿

⑩ 惭＿＿＿＿＿＿＿＿

⑪ 颇＿＿＿＿＿＿＿＿

⑫ 引＿＿＿＿＿＿＿＿

⑬ 泣＿＿＿＿＿＿＿＿

2. 翻译

何预尔事＿＿＿＿＿＿＿＿＿＿＿＿＿＿＿＿＿＿＿＿＿＿＿＿＿＿

【动物成语】

牛刀小试

小：稍稍。宰牛的大刀在小物上稍加试用。比喻有大才的人先在小事情上稍加施展。

［例］他是电机系毕业的高材生，在某公司实习时，牛刀小试，就被提前录用了。

参 考 答 案

1. 猴弈　1.①下棋　②偷看　③此指隐去　④全　⑤奇特　⑥朝廷　⑦皇帝　⑧有人　⑨关押　⑩皇帝颁发的命令,这里作动词用,指皇帝下达命令。　2.①因此掌握了下棋的巧妙。　②猴子的心里牵挂着桃子。

2. 黠猱　1.①顺物而爬　②锋利　③就　④洞　⑤恭敬地献上　⑥认为　⑦沿着足迹寻找　2.①更加喜欢接近它。　②猱却已经逃跑,爬上高高的树躲避了。

3. "的卢"救刘备　1.①驻扎　②惧怕　③乘机　④抓获　⑤发觉　⑥逃跑　⑦掉落　⑧跳　2.刘表对他很有礼貌。

4. 蓄蝎为戏　1.①方法　②除掉　③拿过来　④温顺　⑤拨弄　⑥防止　2.①所以它不能伤害我。　②惊慌地纷纷逃跑。③好像很怕人的样子。

5. 张之万之马　1.①坚持　②问　③才　④换　⑤是　⑥等到　⑦大概　2.①派人来买,张之万不同意。　②之万对此感到奇怪。

6. 稚犬　1.①刚　②快速　③咬吃　④追赶　⑤几乎　⑥牵连　⑦赶上　2.两只幼犬奔上去衔住老虎的尾巴,老虎拖着它们奔跑。

7. 曹冲称象　1.①长到　②达到　③奉送　④刻　⑤高兴　2.①询问手下的人,都不能想出办法。　②当时人都赞美曹冲的智慧。

8. 张用良不杀蜂　1.①掀开　②咬刺　③讨厌　④迫近　2.①撞在蜘蛛的网上,用尽力气而无法挣脱。　②蜂多次含着水使虫沾湿。

9. 枭将东徙 1. ① 迁移 ② 原因 ③ 讨厌 ④ 了 ⑤ 仍然 2. 你将到什么地方去?

10. 豺狼争霸 1. ① 霸主 ② 祖上 ③ 定 2. 究竟谁是霸主? 我才是真正的霸主。

11. 华隆之犬 1. ① 跟随 ② 咬 ③ 倒 ④ 知觉 ⑤ 快 ⑥ 醒 ⑦ 爱 2. ① 家里的人对此感到奇怪。 ② 用车子载着他回家。

12. 牛冢 1. ① 疲劳 ② 全 ③ 坟墓 2. 仁慈的人不应干这种事。

13. 郭纯伪哭 1. ① 赞扬 ② 揭穿 ③ 终 2. 没有不争着聚集。

14. 斗牛而废耕 1. ① 俸禄,收入 ② 难道 ③ 根本 ④ 勿 ⑤ 放弃 2. ① 斗牛,耕作必然会荒废。 ② 做国君的不能因为自己的爱好而妨害百姓。

15. 鹦鹉灭火 1. ① 远远地 ② 愿望 ③ 回答 ④ 寄居异地 2. 山里的禽兽都尊敬我、看重我。

16. 擒贼 1. ① 出卖 ② 只有 ③ 狗叫 ④ 咬 ⑤ 正巧 ⑥ 立刻 2. 一个强盗想逃跑。

17. 小儿逮鸟 1. ① 很 ② 栖 ③ 捕捉 2. 你为什么要捕捉它?

18. 螳臂当车 1. ① 抬起 ② 回答 2. 不衡量自己的能力而轻视对手。

19. 为小失大 1. ① 是 ② 急 ③ 超过 2. 请医生给他治疗。

20. 涸泽之蛇 1. ① 水干枯 ② 你 ③ 经过 2. 背着我行。

21. 瞎子触象 1. ① 摸 ② 脊背 ③ 一种盛东西的陶器,腹部较大 2. 你们看大象类似什么东西?

22. 食豚而已 1. ① 极 ② 煮 ③ 有人 ④ 欺骗 ⑤ 急 ⑥ 邀请 ⑦ 这 ⑧ 哭 2. ① 这人不相信他的劝告。 ② 的确是不错的。

23. 吴猛恣蚊饱血 1. ①侍奉 ②放任 ③赶走 2. 恐怕蚊子离去后去叮咬他的父母亲。

24. 黠鹰 1. ①吃 ②赶走 ③忧患 2. 鹰也狡猾啊。

25. 犬啮歹徒 1. ①咬 ②赶上 2. 就押送官府。

26. 吴氏之马 1. ①用财物报答 ②曾经 2. 然而这匹马多次踢伤人。

27. 猫食鸡 1. ①就 ②偷 2. ①才知道被猫吃了。 ②怎么能丢弃它呢？ ③儿女把它看作珍宝。

28. 笼中鹦鹉 1. ①饲养 ②聪明 ③等到 ④忍受 ⑤省悟 2. 姓段的忽然关押在牢狱中。

29. 牧竖拾金 1. ①破旧 ②赶着 ③快意 ④同"纳"，放入 ⑤逐渐 ⑥担忧 2. ①唱歌而欢乐。 ②这是被金子所连累了。

30. 小儿饲鹊 1. ①遇到 ②掉落 ③逐渐 ④抓捕 ⑤赶上 ⑥哭 ⑦是 ⑧错 2. ①儿急忙驱赶它。 ②将不会被猫吃掉。

31. 童堕涸井 1. ①掉落 ②水干枯 ③有人 ④拉 ⑤经历 ⑥以财物报答 ⑦拒绝 2. 不知道这事。

32. 杀鳖 1. ①带着 ②咬 ③放 ④靠近 ⑤晚上 2. 你还不知道它会咬人。

33. 恨鼠焚屋 1. ①屋 ②奶制品 ③天亮 ④使……恼恨 ⑤闭上眼睛。此指睡着 2. ①都不依靠别人。 ②这些在暗中活动的坏东西,为什么极吵闹！

34. 樵夫与虎 1. ①咬吃 ②早先 ③放 ④你 ⑤早先 2. 你不要吃我。

35. 蛇与蛙 1. ①用尽 ②咬吃 ③死 2. 可惜已经被蛇咬住。

36. 越人溺鼠 1. ①将 ②方法 ③换上 ④这 ⑤都 2. 老鼠放肆地吃,而且呼唤同类进入盎中食粟。

37. 画龙点睛 1. ①一会儿 ②击破 2. 人们都对此感到

奇怪。

38. 王行思爱马 1. ① 爱 ② 遇到 ③ 突然 ④ 翻了 ⑤ 立刻 ⑥ 淹 2. ① 用草料喂养它,胜过别的马。 ② 那马跳进惊涛骇浪,接他的主人。

39. 童恢伏虎 1. ① 活捉 ② 骂 ③ 低下 ④ 害怕 ⑤ 就 ⑥ 官员 2. 自己知道没罪。

40. 司马光卖马 1. ① 说 ② 暗暗地 2. 如果出卖,先要告诉对方。

41. 人有失信于海鸥者 1. ① 早晨 ② 跟着 2. 我听说海鸥都跟你游戏。

42. 慈鸡 1. ① 居住 ② 带领 ③ 一同 ④ 停 ⑤ 同情 2. ① 各自喂养几只小鸡。 ② 看作自己生的。

43. 犬救羊 1. ① 掉落 ② 呼吸时进出的气 ③ 拉 2. 张家对待这条狗如同亲属戚属。

44. 绿衣使者 1. ① 干涸 ② 只有 ③ 故意 ④ 寻找 ⑤ 强盗 ⑥ 主持正义 2. 到杨家搜索寻找。

45. 虎"酬"老妪 1. ① 老妇人 ② 瘦弱 ③ 靠近 ④ 院子 ⑤ 墙 ⑥ 一一地 2. 老虎抬起前脚来给老妇人看。

46. 巧杀黄鼠狼 1. ① 买 ② 偷 2. 张邦感到这事奇怪。

47. 冤鸡 1. ① 才 ② 也 ③ 醒悟 ④ 荒废 2. 你家遭火灾,不是我的过错。

48. 龙救寡妇 1. ① 活命 ② 帮助 ③ 突然 ④ 发 ⑤ 点头 ⑥ 同"返" ⑦ 一会儿 ⑧ 抬(头) 2. 儿子对此事感到奇怪。

49. 鹳救鹊 1. ① 幼小的禽类动物 ② 停 ③ 栖息 ④ 发出 ⑤ 喧哗 ⑥ 原来是 2. ① 像互相对话的样子。 ② 两只喜鹊也像尾巴一样跟在后面。

50. 嗜鱼而亡 1. ① 买 ② 就 ③ 跳 ④ 立刻 ⑤ 全 ⑥ 疲 2. 想空手获得鱼,愚蠢啊。

51. 弃犬为恶 1. ① 就 ② 约数,表示左右 ③ 煮 2. 鸡都被狗吃掉了。

52. 猪与驴 1. ① 回答 ② 杀 ③ 讥笑 2. 主人不听它的话。

53. 狼子野心 1. ① 逐渐 ② 发出 ③ 第二次 ④ 睡 ⑤ 咬 ⑥ 领悟 2. ① 惊慌地起身向四周看。 ② 便假装睡着来等候。 ③ 两只狼等主人没醒。 ④ 实在是不错的。

54. 越人养狗 1. ① 低下（头） ② 带领 ③ 骄傲 ④ 吃 ⑤ 领悟 ⑥ 给 ⑦ 头颈 2. ① 狗低下头摇着尾巴像人一样说话。 ② 你给它喝的吃的。 ③ 为什么要养这条狗呢？

55. 鹤亦知人意 1. ① 温顺 ② 离开 ③ 回到 ④ 拖着 ⑤ 深切 ⑥ 陪伴侍候 ⑦ 死 2. ① 你想离走，我不束缚你。 ② 你不是我的伴侣吗？ ③ 卢仁就带它回家了。

56. 蛙与牛斗 1. ① 超越 ② 同伴 ③ 突然 ④ 踏 2. ① 跟早先没两样。 ② 一会儿，蛙就肚皮胀得开裂而死了。

57. 牛羊与犀牛 1. ① 是 ② 杀 ③ 讥笑 ④ 只 ⑤ 怎么 ⑥ 确实 2. ① 你怎么比得上我？ ② 羊默默地不回答。

58. 熊救坎中人 1. ① 掉落 ② 很 ③ 饿 ④ 吃 ⑤ 天 ⑥ 看 2. 怎么能说它们没情义？

59. 陈谏议教子 1. ① 此指马棚 ② 这 ③ 立刻 ④ 控制 ⑤ 经商 2. ① 很多人被它踢伤咬伤。 ② 仆人说陈尧咨把它卖给商人了。 ③ 把钱还给商人。

60. 吕某刺虎 1. ① 不（敢） ② 一会儿 ③ 左右 ④ 大腿 ⑤ 看 ⑥ 逃跑 ⑦ 打开 ⑧ 倒下 ⑨ 知 ⑩ 很 2. ① 有什么可害怕的？ ② 瞪大眼看着他。 ③ 老虎在哪里？

61. 乡人藏虱 1. ① 摸、抓 ② 仿佛 ③ 仔细 ④ 看 ⑤ 胀 2. ① 打开来查看它。 ② 痒的地方像果核隆起来。

62. 雏燕 1. ① 掉落 ② 喂养 ③ 过 ④ 立刻 2. 你怎能长久喂养它？

63. 智犬破案 1. ① 晚 ② 醒 ③ 到 ④ 跟随 ⑤ 店铺 ⑥ 一会儿 ⑦ 官府 ⑧ 大概 2. ① 非常惊讶。 ② 狗停下脚步不肯向前,僧人对此感到奇怪。

64. 犬救幼女　1. ① 赶上,跟上　② 一会儿　③ 都　④ 终　⑤ 死　⑥ 才　2. 母亲傍晚背着柴草回家。

65. 二鸿　1. ① 在一个地方来回走动　② 领会　③ 这　④ 用来　⑤ 点头　⑥ 多　⑦ 专注　2. ① 那雄的天鹅跟着飞到他家里。② 难道动物也是这样?

66. 郑韶大难不死　1. ① 超过　② 等候　③ 拉　2. ① 常常在胸怀里藏着刀想杀郑韶,然而没机会。　② 狗扯断绳子而奔向郑韶。③ 郑韶对此感到奇怪。

67. 人有捕鱼者　1. ① 一下子　② 有人　③ 省悟　④ 买　2. 不是我们所比得上的。

68. 林逋之鹤　1. ① 各　② 凭证　2. 开门邀请客人坐下。

69. 蛛与蚕问答　1. ① 此指开水　② 失,此指死亡　③ 等候　④ 还是　2. ① 我本愿意自杀。　② 不是要受冻受冷而死吗?

70. 一幅虎画　1. ① 带着　② 讨取　③ 约数,表示左右　④ 和悦愉快　2. 都极似真的老虎。

71. 卞庄子刺虎　1. ① 正在　② 味美　③ 一会儿　2. 卞庄子认为(他的话)是对的。

72. 老鹰抓小鸡　1. ① 幼小的禽类动物　② 院子　③ 栖　④ 靠近　⑤ 等候机会　⑥ 抓取　2. ① 母鸡以为隼要抓小鸡。② 急忙用翅膀把小鸡藏起来。　③ 乌鸦对它显得很亲近。

73. 牛与鸭　1. ① 回答　② 杀　③ 将　2. 你们这类东西仅仅被人煮了吃。

74. 狼酬猎人　1. ① 击中　② 以实物报答　③ 开　④ 煮　⑤ 领会　2. 猎人把它的皮卖了。

75. 有儿坠入深坑　1. ① 掉落　② 如果　③ 长时间站着　④ 恰巧　⑤ 击中　⑥ 绳　2. ① 狼嚎叫而逃跑。　② 大伙儿用尽力气把小孩拉上来。

76. 鹿亦有知　1. ① 逐渐　② 温顺　③ 十天　④ 给　⑤ 坚持

2. ① 靠砍柴过日子　② 按规矩要用鹿(祭神灵)。

77. 鹬蚌相争　1. ① 晒太阳　② 就　③ 出,指鹬的尖而长的嘴拔不出　④ 放弃　2. 捕鱼人看到了,便把它们都抓住。

78. 犬救杨生　1. ① 爱　② 水干枯　③ 如果　④ 重　⑤ 拉　⑥ 扎,此指用绳牵着　⑦ 回头看　2. ① 狗通宵叫。　② 对此感到奇怪。　③ 就不让你出来。

79. 杀驼破瓮　1. ① 头　② 实行　③ 急　④ 好　2. ① 你不要担忧,我有办法教你让它的头出来。　② 被世人所嘲笑。

80. 二犬情深　1. ① 狡猾,此指活泼　② 突然间　③ 垫　④ 喂食　⑤ 将近　⑥ 山脚　⑦ 很　⑧ 同"返"　2. 花狗便早晚去探望。

81. 鹦鹉亦有情　1. ① 同情　② 派　③ 停　2. 然而想它有什么好处呢?

82. 人有卖骏马者　1. ① 连续　② 出卖　③ 天　2. ① 人们不知道它是匹骏马。　② 一天之内马的价钱涨了十倍。

83. 与狐谋皮　1. ① 皮衣　② 准备　③ 珍贵的食品　④ 所以　⑤ 制作　2. ① 狐狸相互带领逃到高山的下面。　② 周人打错了主意。

84. 毕再遇之战马　1. ① 退　② 绳子,此指铁链条　③ 恰巧　④ 遇到　⑤ 铜　⑥ 马叫　⑦ 拉　⑧ 竖起　⑨ 死　2. 只有主人能驾驭它。

85. 放驴破案　1. ① 连同　② 缰绳　③ 寻找　2. 就下令不给驴喂草料。

86. 蜘蛛与蛇　1. ① 赶上　② 将　③ 挂下　④ 拉　⑤ 渐渐地　⑥ 此指"伏下"　⑦ 等候　⑧ 此指"蹲"　⑨ 吸食　2. ① 好像要追逐蛇的样子。　② 像这样有三四次。

87. 毒蛇为害　1. ① 极　② 寻找　③ 急　④ 远　⑤ 才　2. ① 养蛇数百条。　② 没几天伤就好了。

88. 良医　1. ① 很　② 只　③ 距离　④ 死　⑤ 邀请　⑥ 往　⑦ 才　⑧ 针灸　2. ① 都邀请他医治。　② 用什么来报答你?

89. 寒号虫 1. ① 此指"极" ② 幼小的禽类动物 ③ 就
2. ① 羽毛花纹与色彩绚丽。 ② 混过一天算一天。

90. 野兔 1. ① 方法 ② 有人 ③ 寻找 ④ 空 ⑤ 洞 ⑥ 荒
废 ⑦ 回答 ⑧ 到 ⑨ 这 ⑩ 出卖 ⑪ 买 ⑫ 觉醒 2. 不耕作,
用什么来活命?

91. 鸡感恩 1. ① 前往 ② 追赶 ③ 死 ④ 催促 2. ① 假装
说吃素食。 ② 举起点燃的蜡烛寻找。

92. 马啮盗髻 1. ① 邀请 ② 到 ③ 同"返" ④ 跌倒 ⑤ 用
尽 ⑥ 释放 2. 正要弯下腰拿缰绳,马立刻咬住它的发髻。

93. 张元饲弃狗 1. ① 田间小路 ② 追赶 ③ 求 ④ 不要
⑤ 跌倒 ⑥ 急忙 ⑦ 感到奇怪 ⑧ 明白 2. ① 要它干什么呢?
② 有生命的东西,没有不重视它的生命的。 ③ 叔父被他的话所感
动,就同意收养它。

94. 楚人献"凤凰" 1. ① 欺骗 ② 恰巧遇见 ③ 是的 ④ 给
⑤ 超过 2. ① 这鸟你卖吗? ② 便召他进宫而且重赏他。

95. 雁奴 1. ① 等候 ② 到达 ③ 稍微 ④ 才 ⑤ 安定
⑥ 拿 ⑦ 靠近 ⑧ 再 ⑨ 怕 ⑩ 拿着 2. 屏住呼吸悄悄地走。

96. 螳螂杀蛇 1. ① 山石或高地陡立的侧面 ② 控制 ③ 占据
④ 抓 ⑤ 终 ⑥ 皮 2. 然而仔细看什么也没看到。

97. 狐假虎威 1. ① 你 ② 违背 ③ 诚实 ④ 逃跑 2. 老虎
认为是对的。

98. 山鸡舞镜 1. ① 爱 ② 此指办法 ③ 使(人) 2. 山鸡在
镜子中看到自己的身影,便跳着舞着。

99 八哥与蝉对话 1. ① 用网张捕 ② 调教 ③ 模仿 ④ 只有
⑤ 低下 ⑥ 再 2. 怎像我自己鸣叫出声音呢?

100. 守株待兔 1. ① 撞 ② 放下 ③ 希望 2. 自身的行为被
宋国人讥笑。

101. 蜗蝂之死 1. ① 背着 ② 就 ③ 厉害 ④ 终于 ⑤ 停
2. 有人可怜它,为它撤去背负的东西。

102. 苏武牧羊 1. ①出使 ②扣留 ③处理 ④禁闭 ⑤地窖 ⑥下雨 ⑦吃 ⑧一起 ⑨乳，此指生小羊 ⑩才 2. ①用各种方法威胁利诱。 ②单于更加想要他投降。

103. 犬负米救主 1. ①将 ②旁 ③置办 ④洞 ⑤开 ⑥天亮 ⑦饿 2. 城门已经关闭了很长时间。

104. 秦西巴纵麑 1. ①悲伤 ②赶走 ③过了 ④老师 ⑤损害 2. 释放了还给母鹿。

105. 老马识途 1. ①同"返"，返回 ②就 ③山的南面 ④山的北面 ⑤古代八尺或七尺为一仞 2. 可以利用老马的智慧。

106. 张五悔猎 1. ①追赶 ②带着 ③赶上 ④带领 ⑤恰巧遇到 ⑥远 ⑦全部、一一地 ⑧烧 ⑨再 2. 当场撕破网让鹿出来,连同两只小鹿也放走了。

107. 叶公好龙 1. ①画 ②花纹 ③伸 ④这个 2. ①把头伸到窗上偷看。 ②丢下它回头就逃跑。

108. 兄弟争雁 1. ①看见 ②煮 ③停 ④告状 ⑤寻找 2. 将要拿起弓射雁。

109. 一幅鼠画 1. ①随意 ②掉落 ③偷看 ④追赶 2. 仆人对此感到奇怪,说给县官听。

110. 若石之死 1. ①山的北面 ②常 ③终 ④放松 ⑤斥骂 2. ①没有害自己的野兽了。 ②篱笆坏了也不修。 ③貙像人一样站立起来把他抓死了。

111. 黑驴与白骏 1. ①背着 ②胜任 ③讥笑 ④是 2. ①白骏最终不答应。 ②合力想法处理,那么重大的事也能办成。

112. 井中捞月 1. ①一同 ②呈现 ③这 ④众 ⑤不要 ⑥昏暗 ⑦抓住 ⑧断 2. 应该共同把月亮捞出来。

113. 驯蛇高手戴生 1. ①有时 ②竹箱子 ③共 2. ①平安恢复得跟早先一样。 ②有时要捕捉它。 ③蛇暗藏着找不到。

114. 黠虎 1. ①驱赶 ②吃 ③狡猾 2. ①老虎瞪大眼对着众人。 ②认为没灾祸了。

115. 钱若赓断鹅　1. ① 做郡太守　② 拿着　③ 寻找　2. ① 有突出的政绩。　② 向官府告状。　③ 人们没有不对此感到惊讶的。④ 大家对此感到奇怪。

116. 鼠技虎名　1. ① 唉,感叹词　② 很　③ 少　2. ① 十分惊讶。　② 城中怎么有这野兽?　③ 使我惊恐得想逃跑。　④ 都是老鼠一类的家伙。

117. 神龟　1. ① 从前　② 晒　③ 刻　2. ① 便抬起头看着家人,非常亲近。　② 所以把它放在河里。　③ 全家对此感到奇怪。

118. 裴旻射虎　1. ① 曾　② 按着　③ 掉落　④ 再　2. 没有这能力。

119. 公冶长与鹞鹰　1. ① 又　② 吵闹　③ 第二次　④ 回答　2. ① 然而他不想把獐的肠子给鹞吃。　② 过了不久。

120. 徒手与狼搏　1. ① 有人　② 采摘　③ 瞪(眼)　④ 怕　⑤ 空　⑥ 逃跑　⑦ 赶上　⑧ 死　2. 如果逃跑,必定会被狼吃掉。

121. 朝三暮四　1. ① 理解　② 减少　③ 满足　④ 缺乏　⑤ 欺骗　⑥ 爬(在地上)　2. ① 担心猴子们对自己不温顺。　② 早晨三颗而晚上四颗,满足了吗?

122. 道士救虎　1. ① 此指被洪水冲走　② 等候　③ 绳子　④ 拉　⑤ 沉没　⑥ 原来是　2. ① 亲自穿上蓑衣,戴着竹帽,站在水边。　② 用木头拉它上岸。　③ 跳起来抓住道士,道士立刻倒地。

123. 蝙蝠　1. ① 责备　② 见面　③ 指同一类的人,此指蝙蝠　2. ① 你处在我下面,为什么如此骄傲?　② 如今社会风气污浊。

124. 牧竖巧逮狼　1. ① 洞　② 打算　③ 看　④ 走向　⑤ 样子　⑥ 倒地　2. ① 那另一个牧童又在另一棵树上使小狼啼叫。　② 气已经断了。

125. 农夫误杀耕牛　1. ① 吃　② 多次　③ 就　④ 触　⑤ 垂挂　⑥ 睡　⑦ 醒　⑧ 讨厌　2. 不知道这情况。

126. 鸟与人　1. ① 院子　② 讨厌　③ 女仆人　④ 栖　⑤ 都　2. ① 很多鸟在上面筑巢。　② 那小鸟人弯下身可看得见。　③ 这没别的原因,是人的仁爱之心被鸟所信任。

127. 狮子王与豺 1. ① 从前 ② 抓取 ③ 活命 ④ 顺序,轮(到) ⑤ 回答 2. ① 豺按时献上。 ② 你好好考虑。

128. 雁冢 1. ① 同"蓄",饲养 ② 逃跑 ③ 鸣叫 ④ 就 ⑤ 呼引 ⑥ 终 ⑦ 过了 ⑧ 坟墓 2. ① 亦很温顺。 ② 就一同死了。

129. 鸲鹆噪虎 1. ① 筑窝 ② 听到 ③ 此指树梢 ④ 害怕 2. ① 那你为什么要对它吵闹? ② 你是住在洞穴里的,为什么要吵闹呢?

130. 屠夫杀狼 1. ① 卖 ② 看 ③ 垂挂 ④ 害怕 ⑤ 相当于"之于"。 ⑥ 吊死 ⑦ 害怕 ⑧ 仔细看 ⑨ 钓鱼用的鱼食 ⑩ 同"值",价值 ⑪ 此指银子 2. 把刀给它看,稍微后退。

131. 巴延三毁"驴香馆" 1. ① 煮 ② 极 ③ 用绳子扎住 ④ 开水 ⑤ 浇 ⑥ 吃 ⑦ 长官 ⑧ 守卫 ⑨ 刻 2. ① 先用酒让它喝醉。 ② 仁慈的人不忍心看到这样子。

132. 奇鹰 1. ① 很 ② 争着 ③ 飞 ④ 难道 ⑤ 掉下 ⑥ 估计 ⑦ 重 2. ① 满天是火烧的烟。 ② 没有博斗吃咬的意思。 ③ 将欺骗我吗? ④ 大家都不能识别它。

133. 猫说 1. ① 以为与众不同 ② 改 ③ 雾 ④ 只 ⑤ 这 ⑥ 讥笑 2. ① 风一下子把它吹散了。 ② 只有老鼠能在墙上打洞。

134. 跛足虎 1. ① 寺庙 ② 有水的山沟 ③ 断 ④ 熟悉 ⑤ 陪伴侍侯 ⑥ 自得 ⑦ 聚集 ⑧ 甜美 ⑨ 咬 2. 大概被高山上滚落下来的石头砸伤。

135. 里胥督赋奇遇 1. ① 此指租税 ② 只 ③ 求 ④ 同情 ⑤ 可怜 ⑥ 第二次 ⑦ 跳 ⑧ 扑打 2. ① 仿佛对他感恩的样子。 ② 里胥乘机逃走,免于一死。

136. 画蛇添足 1. ① 祭祀 ② 作画 ③ 将 ④ 拿着 ⑤ 失去 2. 你怎么能给它添上脚?

137. 次非杀蛟 1. ① 失去 ② 跳(进) ③ 又 2. ① 没见到这

情况。 ② 我为什么要吝惜这剑呢?

138. 鲁侯养鸟 1. ① 驾驭,此指用车子迎接 ② 酒杯,此指敬酒 ③ 食品 2. 这是用养活自己的方法来养鸟。

139. 马与驴 1. ① 砍柴 ② 他 ③ 打 ④ 停止 2. ① 主人才省悟,原来是早先鞭打了它们。 ② 于是像早先一样饲养马和驴。

140. 王华之犬 1. ① 砍柴 ② 靠近 ③ 倒下 ④ 蹲 ⑤ 放弃 ⑥ 追 ⑦ 暗藏 ⑧ 草丛 ⑨ 咬 ⑩ 深 ⑪ 渐渐地 ⑫ 醒 ⑬ 很 ⑭ 疲 ⑮ 死 2. 突然跃出跳到老虎头上。

141. 黠鼠 1. ① 正在 ② 后来 ③ 用烛照 ④ 打开 ⑤ 静 ⑥ 立刻 ⑦ 吗 ⑧ 逃跑 2. ① 这老鼠被关闭而无法逃走。 ② 翻过来使它出来。

142. 饿死狙公 1. ① 天亮 ② 到 ③ 果实 ④ 用木棍打 ⑤ 种 ⑥ 吗 ⑦ 完 ⑧ 等候 ⑨ 最终 ⑩ 饿 2. ① 猴子们都为此而痛苦,但不敢违背。 ② 我们为什么要靠他而为他干活呢?

143. 狮猫 1. ① 相等 ② 厉害 ③ 好 ④ 恰巧 ⑤ 关上门 ⑥ 洞 ⑦ 小桌子 ⑧ 后来 ⑨ 大 ⑩ 稍 ⑪ 头颈 2. ① 反而被老鼠吃掉。 ② 大家都说猫胆小,认为它是没能力捕鼠的。

144. 猿子 1. ① 温顺 ② 此指聪明 ③ 捕 ④ 箭 ⑤ 射中 ⑥ 估计 ⑦ 完 ⑧ 断 ⑨ 严重的时候 ⑩ 就 ⑪ 尚且 ⑫ 吝惜 2. ① 等候母猿不注意的时候射击它。 ② 他们还不及小猿哩。

145. 老叟斥牛 1. ① 腿或脚有病,走起路来不平衡 ② 店铺 ③ 逃跑 ④ 这 ⑤ 掉入 ⑥ 拉 ⑦ 供给 ⑧ 原来 ⑨ 当初 ⑩ 惭愧 ⑪ 脸 ⑫ 拉 ⑬ 哭 2. 关你什么事?

后　记

　　参与本书编写的有：王志萍、王真、杨璞、郭春君、王明江、夏川、杨燕、杨菊、戴娜、王志喜等。在此一并感谢。

编　者

图书在版编目(CIP)数据

文言文动物故事 / 杨振中编著. —上海：东方出版中心，2019.5

ISBN 978-7-5473-1457-9

Ⅰ.①文… Ⅱ.①杨… Ⅲ.①文言文—初中—课外读物 Ⅳ.①G634.303

中国版本图书馆 CIP 数据核字(2019)第 079898 号

文言文动物故事

出版发行：东方出版中心

地　　址：上海市仙霞路 345 号

电　　话：(021)62417400

邮政编码：200336

印　　刷：昆山市亭林印刷有限责任公司

开　　本：890mm×1240mm　1/32

字　　数：271 千字

印　　张：9.875

版　　次：2019 年 5 月第 1 版第 1 次印刷

ISBN 978-7-5473-1457-9

定　　价：35.00 元

檢